Maravillas

MI LIBRO DE LECTURA Y ESCRITURA

McGraw Hill

COVER: Nathan Love, Erwin Madrid.

mheducation.com/prek-12

Send all inquiries to:
McGraw-Hill Education
Two Penn Plaza
New York, New York 10121

ISBN: 978-0-07-702843-5
MHID: 0-07-702843-0

Printed in the United States of America.

8 9 10 11 12 13 14 15 16 LBC 31 30 29 28 27 26

B

¡Bienvenidos a Maravillas!

Lee textos apasionantes de **Literatura**, **Ciencias** y **Estudios Sociales**.

- ★ **APRENDE** del mundo que te rodea.
- ★ **PIENSA**, **HABLA** y **ESCRIBE** de géneros literarios.
- ★ **COLABORA** en charlas e investigaciones.
- ★ **¡EXPRÉSATE!**

my.mheducation.com

Con tus datos de acceso podrás leer textos, practicar gramática y ortografía, explorar proyectos de investigación y mucho más.

UNIDAD 5

GÉNERO 1 TEXTO EXPOSITIVO

CIENCIAS

GÉNERO 2 FICCIÓN HISTÓRICA

(t) Hulton Archive/Getty Images; (b) Ilustraciones de Gaby D'Alessandro

GÉNERO 3 TEXTO ARGUMENTATIVO

CONCLUSIÓN DE LA UNIDAD

Recursos digitales Consulta este libro electrónico y otros recursos en **my.mheducation.com**

UNIDAD 6

GÉNERO 1 FICCIÓN HISTÓRICA

ESTUDIOS SOCIALES

GÉNERO 2 TEXTO EXPOSITIVO

CIENCIAS

(t) Sean Qualls; (b) Lophelia II 2009 Expedition, NOAA-OER

GÉNERO 3 POESÍA LÍRICA

CONCLUSIÓN DE LA UNIDAD

Juan Carlos Ricardo

Recursos digitales Consulta este libro electrónico y otros recursos en **my.mheducation.com**

Coméntalo

Pregunta esencial

¿Cómo pueden los conocimientos científicos cambiar con el tiempo?

Uno de los desafíos más grandes de nuestro tiempo es aprender del océano. A medida que los investigadores diseñan tecnologías novedosas y evalúan ideas nuevas, nuestros criterios de conocimiento también cambian.

Mira la fotografía. En ella se muestra una nave sumergible que puede llevar exploradores a las profundidades del océano. Habla con un compañero de la forma como los descubrimientos y los inventos cambian nuestro conocimiento científico. Piensa en cómo han influido en tu vida. Escribe tus ideas en la red de palabras.

Ve a **my.mheducation.com** y lee el *Blast* "Un mundo mejor con satélites". Piensa en cómo el conocimiento científico ha cambiado con el tiempo. ¿Cómo han influido las nuevas tecnologías en nuestro mundo? Comenta tus respuestas al *Blast*.

LECTURA COMPARTIDA

TOMA NOTAS

Dar un vistazo preliminar a un texto te servirá para tener una idea del tema que se trata en él. Antes de leer, mira los encabezados y diagramas. Haz una predicción de lo que vas a aprender. Escribe tu predicción aquí.

____

____

____

____

A medida que lees, anota:

Palabras interesantes: ______________

____

____

____

Detalles clave: ______________

____

____

____

____

____

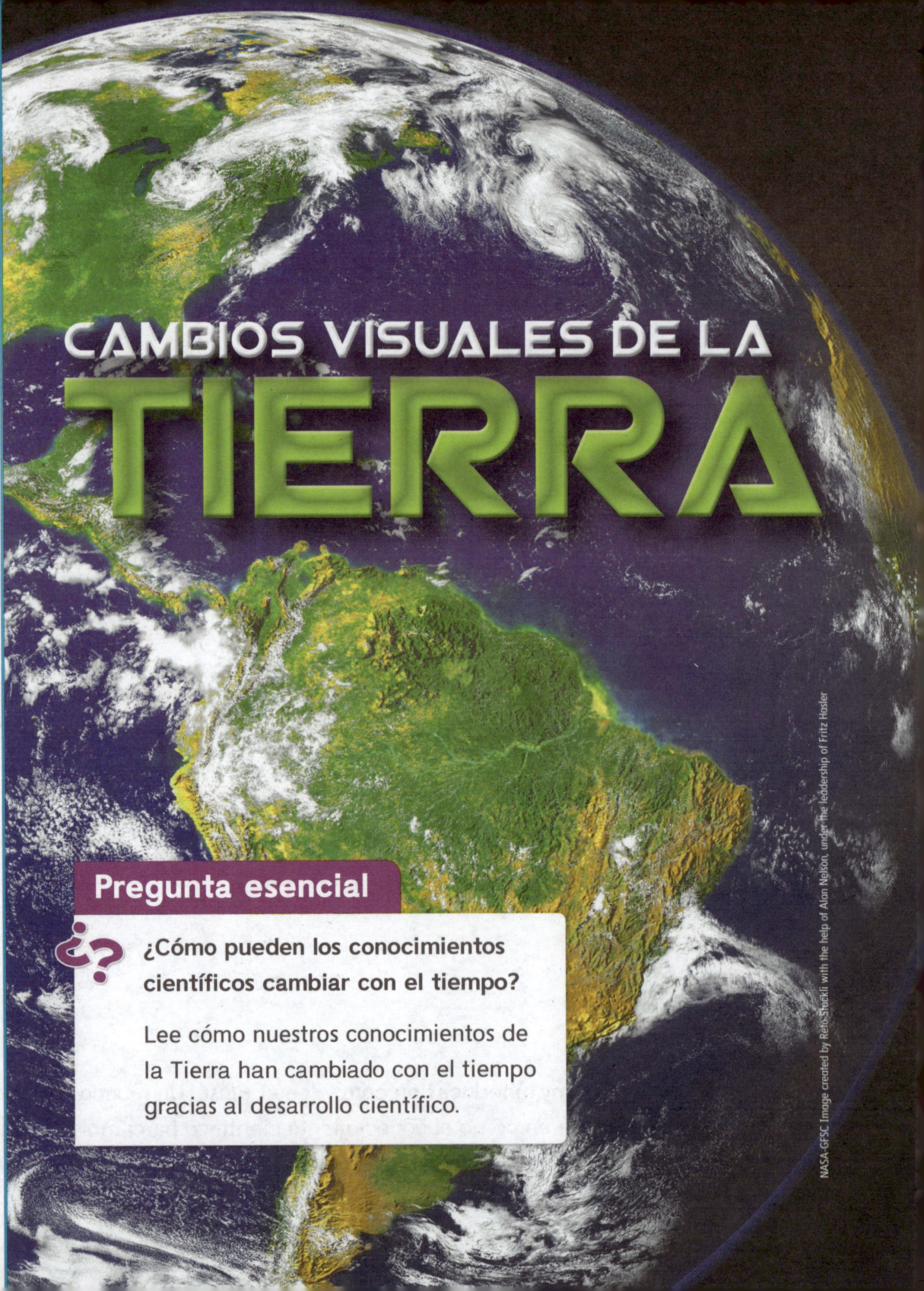

CAMBIOS VISUALES DE LA TIERRA

Pregunta esencial

¿Cómo pueden los conocimientos científicos cambiar con el tiempo?

Lee cómo nuestros conocimientos de la Tierra han cambiado con el tiempo gracias al desarrollo científico.

NASA-GFSC Image created by Reto Stöckli with the help of Alan Nelson, under the leadership of Fritz Hasler

En la Tierra, mirando lo que nos rodea

A cualquier lugar que vayas en la Tierra, verás que a las personas les gusta hablar sobre el tiempo atmosférico. Con el pronóstico de este fin de semana, nos podemos formar un **criterio** para planear actividades al aire libre. ¿De dónde proviene toda esa información sobre el tiempo atmosférico? La capacidad para pronosticar tormentas y sequías requirió siglos de innovación científica. Tuvimos que mirar al cielo para aprender más sobre la vida en la Tierra.

Hace mucho tiempo, los seres humanos basaban sus conocimientos en lo que experimentaban con la vista y el oído. Si las personas pudieran agudizar sus sentidos, tal vez no se sentirían tan perplejas por los sucesos que ocurren a diario. Por ejemplo, algo tan sencillo como la salida del sol confundió a las personas durante siglos. Se creía que la Tierra permanecía quieta en un lugar mientras que el Sol se movía a su alrededor. Esto se llamó modelo geocéntrico.

A comienzos del siglo XVII, el italiano Galileo apuntó un nuevo instrumento llamado telescopio hacia el cielo nocturno. Gracias al aumento de visión pudo ver más claramente estrellas, planetas y otras **esferas** celestes. Cada observación y **cálculo** lo llevó a sustentar un nuevo y radical modelo del sistema solar. En la versión heliocéntrica que propuso el científico Copérnico, el Sol no **orbita** la Tierra. Es la Tierra la que orbita el Sol.

Gracias al telescopio de Galileo se pudo comprobar que el modelo heliocéntrico era correcto.

El telescopio de Galileo ayudó a probar que la visión heliocéntrica de Copérnico era correcta. ▶

En estos diagramas se muestran el modelo geocéntrico (la Tierra en el centro) y el modelo heliocéntrico (el Sol en el centro) del sistema solar.

Hulton Archive/Getty Images

TEXTO EXPOSITIVO

BUSCAR EVIDENCIAS

Leer

Párrafos 1-2

Hacer y responder preguntas

¿Por qué hace mucho tiempo se creía que el Sol giraba alrededor de la Tierra? **Subraya** la evidencia del texto y escribe aquí la respuesta.

____

____

____

Párrafo 3-4

Causa y efecto

Encierra en un círculo las evidencias del texto que muestran las ventajas que encontró Galileo con el telescopio. **Encierra en un cuadrado** las palabras clave que indican que el telescopio le sirvió de ayuda a Galileo.

Releer

Técnica del autor

¿Cómo te ayuda el autor a comprender la diferencia entre el modelo geocéntrico y el modelo heliocéntrico del sistema solar?

LECTURA COMPARTIDA

BUSCAR EVIDENCIAS

Leer

Párrafos 1-3

Hacer y responder preguntas

¿Qué pregunta puedes plantear y responder acerca de los instrumentos de medición? Escribe la pregunta y **subraya** la respuesta.

____

____

Párrafo 4

Causa y efecto

Encierra en un círculo las ventajas de utilizar aeronaves en el estudio de los patrones climáticos.

Diagrama

¿A qué altitud se encuentra el límite entre la tropósfera y la tropopausa?

____

Releer

Técnica del autor

¿Por qué "En el cielo, mirando hacia abajo" es un buen encabezado para esta sección?

En el cielo, mirando hacia abajo

La nueva tecnología les permitió a los científicos **evaluar** teorías mejor que nunca. Los aparatos de medición, como el termómetro y el barómetro, ofrecieron nuevas perspectivas de los patrones climáticos. Sin embargo, aún estábamos limitados al aprendizaje en tierra. ¿Y si pudiéramos viajar por el cielo, en donde se produce el tiempo atmosférico?

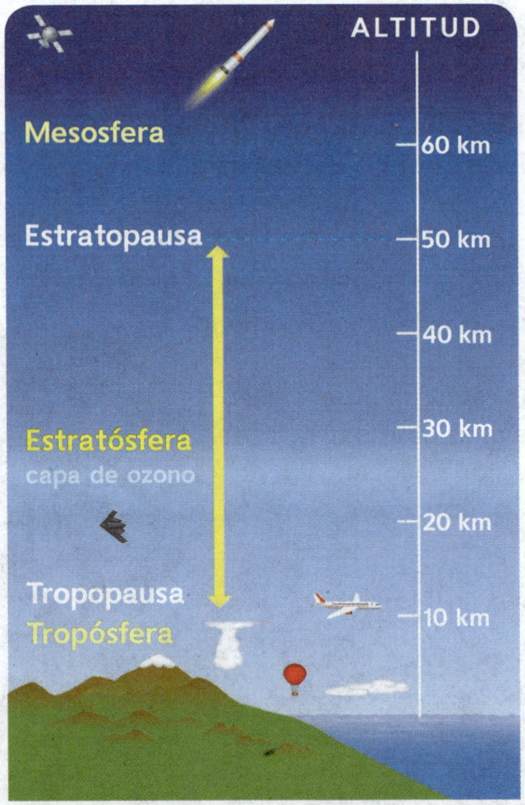

A medida que los seres humanos alcanzaron mayores altitudes, aprendimos más y más acerca de la atmósfera de la Tierra.

A mediados del siglo XVIII, algunos científicos enviaron aparatos de medición a mayor altitud. Al comienzo usaron cometas. Después, los globos aerostáticos ofrecieron nuevos medios para transportar los instrumentos, e incluso a los científicos.

Sin embargo, para ellos no era suficiente estudiar las capas inferiores de la atmósfera. Cuanto más aprendían, más alto querían llegar. También querían obtener información de manera más rápida y precisa. Las cometas y los globos eran difíciles de controlar. A veces se desviaban de ruta o se perdían, llevándose los datos con ellos.

El desarrollo de aeronaves a comienzos del siglo XX prometía formas seguras de observar la superficie terrestre y la atmósfera. Los cometas y los globos alcanzaban altitudes de, **aproximadamente**, tres kilómetros. En comparación, las aeronaves llevaban a los científicos a altitudes de cinco kilómetros o más. La radiotecnología les permitió transmitir datos desde el cielo hasta el suelo, en donde otros científicos los analizaban y comparaban. Los avances llegaron rápido y con ímpetu. Aun así, soñaban con llegar más alto.

Desde el espacio, mirando a casa

A finales del siglo XX, los avances en aeronáutica permitieron desarrollar cohetes más potentes que pusieron satélites en órbita. Desde esas altitudes, los científicos podían estudiar la composición y la relativa delgadez de las capas de la atmósfera. Desde que los meteorólogos pudieron analizar varios factores a la vez, la precisión de sus pronósticos mejoró rápidamente.

Años después, la NASA puso docenas de satélites en órbita. Algunos observaban la Tierra y otros daban una mirada al espacio infinito. Estos recopilaron datos **astronómicos** sobre la edad de los planetas y las galaxias. Sensores y supercomputadoras midieron con precisión aspectos como el **diámetro** de la Tierra. Debido a esta tecnología, se desarrollaron modelos fieles de los sistemas de la Tierra. Por ejemplo, se formularon teorías para mostrar cómo podría cambiar el clima con el tiempo.

Las misiones espaciales siguen aventurándose cada vez más lejos de casa. Aun así, nada es comparable con observar la Tierra a la vieja usanza, con nuestros propios ojos. La vista de nuestro planeta desde el espacio inspira a todas las personas que la han observado, incluso en fotografías. El astronauta Joseph Allen dijo: "Con todos los argumentos... para ir a la Luna, nadie ha sugerido que debemos mirar hacia la Tierra. Pero esa puede ser, de hecho, la razón más importante".

Brand X Pictures/PunchStock

Los satélites que se ponen en órbita solo duran un número limitado de años, y luego se deben reemplazar.

Resumir

Utiliza tus notas para escribir un corto resumen de la información más importante de "Cambios visuales de la Tierra". Menciona si la predicción que hiciste era correcta.

TEXTO EXPOSITIVO

BUSCAR EVIDENCIAS

Leer

Párrafos 1-3

Raíces griegas

La raíz griega *foto* significa "luz". ¿Cómo te permite esto inferir el proceso de creación de las fotografías?

Evaluar información

Subraya la cita de Joseph Allen. ¿Crees que él está cualificado para afirmar esto? ¿Por qué?

Releer

Técnica del autor

¿Cómo te permite la estructura del texto entender el avance de los pronósticos del tiempo atmosférico a finales del siglo XX?

Vocabulario

A partir de las oraciones que se dan como ejemplo, comenta con un compañero lo que significa cada palabra. Luego, responde las preguntas.

aproximadamente

En la receta piden que agregue **aproximadamente** dos tazas de aceite, así que no medí con exactitud.

¿Cuál es un antónimo de aproximadamente?

____

____

astronómico

La exposición sobre el espacio incluía instrumentos **astronómicos** sorprendentes para estudiar las estrellas.

Además de las estrellas, ¿qué podemos estudiar con los instrumentos astronómicos?

____

____

Tu lista de palabras Elige una palabra interesante de la lectura. Busca sinónimos y antónimos de esa palabra en un diccionario, y escríbelos en tu cuaderno de escritura.

cálculo

Mina hizo un **cálculo** rápido para saber si tenía suficiente dinero para comprar seis boletos.

¿Qué habilidad se requiere para hacer un cálculo?

____

____

criterio

La presión sanguínea sirve de **criterio** para conocer el estado de salud.

¿Qué otros exámenes sirven de criterio para conocer tu estado de salud?

____

____

diámetro

El molde grande para pizza tiene un **diámetro** de catorce pulgadas.

¿Cómo medirías el diámetro de un molde?

____

____

esfera

Las pelotas de baloncesto, fútbol y béisbol son **esferas**, pero las de fútbol americano no.

¿Qué otros objetos son esferas?

____

____

evaluar

Leemos las etiquetas de los alimentos para **evaluar** su valor nutricional.

¿Qué preguntas podrías hacerte para evaluar un restaurante?

____

____

orbitar

La Tierra tarda un año en **orbitar** el Sol, y la Luna tarda un mes en orbitar la Tierra.

¿Qué planetas orbitan el Sol?

____

____

Raíces griegas

Muchas palabras del español se forman a partir de raíces griegas. Por ejemplo, la raíz griega *geo* significa "tierra", así que cualquier palabra del español que tenga la raíz *geo,* como *geocéntrico,* se relaciona con la Tierra.

BUSCAR EVIDENCIAS

En la página 3 encuentro la palabra geocéntrico. *La raíz griega* centr *significa* centro. *Como sé que* geo *significa* tierra, *puedo inferir que algo geocéntrico tiene a la Tierra como centro. El diagrama que muestra la Tierra en el centro y el Sol y los planetas orbitando alrededor de ella debe ser el modelo* geocéntrico.

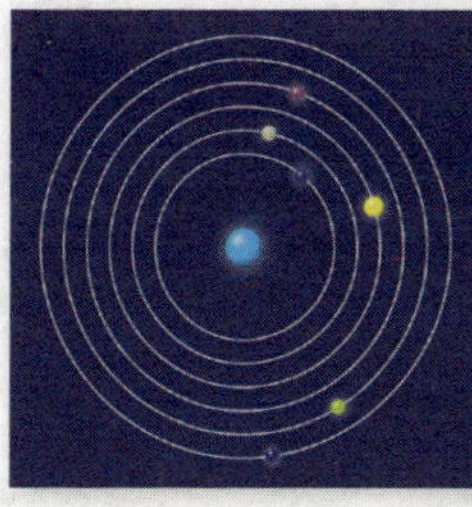

Se creía que la Tierra permanecía quieta en un lugar mientras que el Sol se movía a su alrededor. Esto se llamó modelo geocéntrico.

Tu turno Utiliza las siguientes raíces griegas para encontrar el significado de dos palabras del texto.

Raíces griegas: *helio* = sol *termo* = caliente *metro* = medida

heliocéntrico, página 3 ______________________________

termómetro, página 4 ______________________________

Hacer y responder preguntas

Si haces y respondes preguntas a medida que lees, comprenderás mejor el texto que estás leyendo. Inténtalo leyendo "Cambios visuales de la Tierra". Reflexiona sobre las preguntas que plantea el autor y haz tus propias preguntas. Luego, sigue leyendo para encontrar las respuestas. Después de que hayas terminado de leer, piensa en más preguntas que estén relacionadas con el tema.

Acuérdate

Puedes escribir comentarios en los márgenes de tu libro o en una nota adhesiva que puedes pegar en otros libros. Así recordarás información importante. Escribir comentarios es *hacer anotaciones.* Estas te servirán para comprender mejor lo que estás leyendo.

BUSCAR EVIDENCIAS

En el primer párrafo de la página 3, el autor plantea la siguiente pregunta: *¿De dónde proviene toda esa información sobre el tiempo atmosférico?* Esto puede llevarte a otra pregunta.

Página 3

A cualquier lugar que vayas en la Tierra, verás que a las personas les gusta hablar sobre el tiempo atmosférico. Con el pronóstico de este fin de semana, nos podemos formar un **criterio** para planear actividades al aire libre. ¿De dónde proviene toda esa información sobre el tiempo atmosférico?

Pienso en lo que ya sé, que los meteorólogos utilizan instrumentos científicos. Por tanto, me pregunto: "¿Qué tipo de instrumentos utilizan los científicos para hacer pronósticos?". Voy a seguir leyendo para encontrar la respuesta.

COLABORA

Tu turno Vuelve a leer "Desde el espacio, mirando a casa" en la página 5. Haz una pregunta y luego sigue leyendo para encontrar la respuesta. Utiliza la estrategia de hacer y responder preguntas a medida que lees. Escribe aquí tu pregunta y la respuesta.

Diagramas

La selección "Cambios visuales de la Tierra" es un texto expositivo. En un texto expositivo, el autor presenta en orden lógico la información y los hechos sobre un tema. Además, un texto expositivo puede tener diferentes estructuras para sustentar ideas con razones y evidencias. También, el autor puede incluir subtítulos, fotografías y diagramas.

De lectores a escritores

Los autores incluyen diagramas para explicar información importante del texto. ¿Cuándo sería adecuado incluir un diagrama en tu texto?

BUSCAR EVIDENCIAS

"Cambios visuales de la Tierra" es un texto expositivo. Los hechos sobre los inventos se presentan en orden lógico. El autor sustenta sus afirmaciones con evidencias, e incluso puede incluir elementos tales como diagramas.

Página 4

En el cielo, mirando hacia abajo

La nueva tecnología les permitió a los científicos **evaluar** teorías mejor que nunca. Los aparatos de medición, como el termómetro y el barómetro, ofrecieron nuevas perspectivas de los patrones climáticos. Sin embargo, aún estábamos limitados al aprendizaje en tierra. ¿Y si pudiéramos viajar por el cielo, en donde se produce el tiempo atmosférico?

A medida que los seres humanos alcanzaron mayores altitudes, aprendimos más y más acerca de la atmósfera de la Tierra.

A mediados del siglo XVIII, algunos científicos enviaron aparatos de medición a mayor altitud. Al comienzo usaron cometas. Después, los globos aerostáticos ofrecieron nuevos medios para transportar los instrumentos, e incluso a los científicos.

Sin embargo, para ellos no era suficiente estudiar las capas inferiores de la atmósfera. Cuanto más aprendían, más alto querían llegar. También querían obtener información de manera más rápida y precisa. Las cometas y los globos eran difíciles de controlar. A veces se desviaban de ruta o se perdían, llevándose los datos con ellos.

El desarrollo de aeronaves a comienzos del siglo XX prometía formas seguras de observar la superficie terrestre y la atmósfera. Los cometas y los globos alcanzaban altitudes de, **aproximadamente**, tres kilómetros. En comparación, las aeronaves llevaban a los científicos a altitudes de cinco kilómetros o más. La radiotecnología les permitió transmitir datos desde el cielo hasta el suelo, en donde otros científicos los analizaban y comparaban. Los avances llegaron rápido y con ímpetu. Aun así, soñaban con llegar más alto.

Diagramas

Un diagrama es una ilustración en la que se muestran las diferentes partes de algo y la manera como se relacionan. El título indica lo que se quiere explicar, y los rótulos sirven para identificar las diferentes partes del diagrama.

Tu turno Repasa "Cambios visuales de la Tierra" y comenta por qué es un texto expositivo. ¿Por qué es útil la información de los dos diagramas?

Releer | LECTURA COMPARTIDA

Causa y efecto

Los autores de textos científicos y textos históricos quieren que aprendas no solo *lo que ocurre,* sino también *por qué ocurre.* Ellos muestran que un suceso es la **causa** de otro suceso, llamado **efecto.** Las relaciones de causa y efecto forman, por lo general, una cadena en la que el efecto de un suceso se convierte en la causa de otro.

Acuérdate

Estas palabras señalan relaciones de causa y efecto.

Causa: *porque, si, ya que, ocasionó que*

Efecto: *en consecuencia, entonces, finalmente, así que, por lo tanto, por esta razón*

BUSCAR EVIDENCIAS

En la sección "En la Tierra, mirando lo que nos rodea" de la página 3, leo que las personas solían creer que el Sol orbitaba la Tierra. Aprendo la causa del error: las personas solo podían ver el cielo con los ojos. La invención del telescopio tuvo un efecto importante: se descubrió que es la Tierra la que orbita el Sol.

Causa	→	Efecto
Hace mucho tiempo, solo se podía ver el cielo a simple vista.	→	Pensaban que el Sol orbitaba la Tierra.
Se inventó el telescopio.	→	Las personas podían ver las estrellas y los planetas con mayor nitidez.
Las personas podían ver estrellas y planetas con mayor nitidez.	→	Descubrieron que la Tierra orbitaba el Sol.

Hulton Archive/Getty Images

COLABORA

Tu turno Escribe causas y sus efectos en tu organizador gráfico para mostrar relaciones importantes entre los sucesos de "Cambios visuales de la Tierra".

Causa	→	Efecto
	→	
	→	
	→	
	→	

Releer | LECTURA COMPARTIDA

Responder a la lectura

Responde por escrito la pregunta de abajo. Piensa en cómo el autor presenta la información. Consulta tus notas y el organizador gráfico.

¿Cómo muestra el autor que las personas siempre han querido aprender más sobre la Tierra y el espacio?

Acuérdate

Completa estas oraciones para comentar el texto y organizar tus ideas:

- *El autor utiliza la estructura del texto para...*
- *El autor hace uso de elementos del texto que...*
- *El autor finaliza el texto...*

Enlace gramatical

Los complementos circunstanciales responden a preguntas como ¿cuándo?, ¿cómo?, ¿dónde?, ¿por qué?, ¿con quién? o ¿para qué? Por ejemplo:

Los viajes a América se hicieron para explorarla.

En esta oración hay un complemento circunstancial de causa: *para explorarla.*

CIENCIAS

Parafrasear fuentes

Parafrasear significa explicar un texto con tus propias palabras. El significado de la información no debe cambiar al parafrasear.

Plagiar significa copiar las ideas o palabras exactas de otro y presentarlas como propias. Nunca debes hacer plagio. Puedes evitar el plagio al parafrasear una fuente. Si citas las palabras exactas de un texto, asegúrate de mencionar la fuente. Por ejemplo: En la página 4 de "Cambios visuales de la Tierra", el autor afirma que: "Las cometas y los globos eran difíciles de controlar". Haz a continuación una paráfrasis de la cita.

____

____

____

texto original

Para pronosticar tormentas y sequías, fue necesario que pasaran varios siglos de innovación científica.

texto parafraseado

Se necesitaron varios siglos de avance científico para pronosticar tormentas y sequías.

COLABORA

Crea un *podcast* Trabaja en grupo para crear un *podcast* en el que se explique la relación entre la Tierra, el Sol y la Luna. Pueden añadir música y efectos de sonido. Tengan en cuenta estas preguntas al buscar información:

- ¿En qué se diferencian las características físicas?
- ¿Qué le proporciona el Sol a la Tierra?
- ¿Cómo influye la Luna en la Tierra?

Comenten las fuentes confiables que pueden utilizar para su investigación. Luego, presenten el *podcast* a sus compañeros. Asegúrense de no plagiar. Al final del *podcast,* mencionen las fuentes que utilizaron.

¿Por qué es el segundo texto una paráfrasis del original?

____

____

____

____

Releer | TEXTO PRINCIPAL

¿Cuándo un planeta no es un planeta?

Antología de literatura, páginas 354-369

¿Cómo sustenta la autora sus ideas sobre los distintos grupos de planetas en la sección "Los problemas de Plutón"?

COLABORA

Coméntalo Vuelve a leer la página 357. Comenta con un compañero la forma como está organizada la información de la sección.

Cita evidencias ¿Qué información quiere la autora que sepas de los planetas? Escribe evidencias del texto en la tabla.

Planetas interiores	Planetas exteriores

Escribe La autora sustenta sus ideas en "Los problemas de Plutón" por medio de ______________________________________

____

____

Sintetizar información

Combina lo que ya sabes de los planetas con la información del texto para que comprendas mejor cómo sustenta sus ideas la autora. Recuerda que también puedes encontrar información en las ilustraciones y leyendas.

¿Cómo te ayudan los diagramas que presenta la autora a comprender mejor el sistema solar?

COLABORA

Coméntalo Vuelve a leer el diagrama y la leyenda que lo acompaña en la página 360. Comenta con un compañero la relación que hay entre el diagrama y el texto principal.

Cita evidencias ¿Cómo sustenta el diagrama de la página 360 las ideas que la autora está desarrollando? Completa el organizador gráfico con evidencias del texto.

Acuérdate

Completa estas oraciones para comentar el diagrama:

- *En el diagrama veo que...*
- *Sé que Plutón...*

Detalle

↓

Detalle

↓

Detalle

↓

Conclusión

Escribe La autora presenta el diagrama del sistema solar para que yo entienda ______________________

____

Releer

TEXTO PRINCIPAL

¿Cómo describe la autora a los agresores del patio de recreo para que comprendas lo que quiere decir con "limpiar la vecindad"?

COLABORA

Coméntalo Vuelve a leer la página 366. Comenta con un compañero lo que quiere decir "limpiar la vecindad".

Cita evidencias ¿Qué oraciones indican que algunos planetas son como los agresores del patio de recreo? Escribe evidencias del texto en la tabla.

Evidencias del texto

↓

Propósito del autor

Escribe La descripción que da la autora de un agresor del patio de recreo me permite entender que los planetas ______________________________

____

____

Acuérdate

Al volver a leer, trata de imaginarte lo que dice la autora. Esto te ayudará a comprender mejor. Por ejemplo, la autora compara la órbita con el carril de una pista de atletismo. ¿Qué imágenes mentales creas al leer esta comparación?

Responder a la lectura

COLABORA

Responde por escrito la pregunta de abajo. Ten en cuenta tus conocimientos sobre las características de Plutón. Consulta tus notas y el organizador gráfico.

Piensa en cómo la autora sustenta sus ideas. ¿Cómo organiza la autora los elementos explicativos y el texto para mostrar que Plutón es un planeta?

____

____

____

____

____

____

____

____

____

____

____

____

NASA/Johns Hopkins University Applied Physics Laboratory/Southwest Research Institute

Acuérdate

Completa las oraciones para comentar y citar evidencias del texto:

- *La autora utiliza elementos explicativos como...*
- *La autora organiza la información para...*
- *La manera como sustenta sus ideas me permite...*

Mis lecturas

Elige un texto y anota en tu cuaderno de escritura el título, el autor y el género. Asegúrate de incluir en el cuaderno tu respuesta personal al texto.

Releer | LECTURA COMPLEMENTARIA

El cuervo y la jarra

1 *La fábula es una forma de literatura clásica donde los personajes son animales, y suele terminar con una moraleja. Esopo era un cuentista de la antigua Grecia a quien se le atribuyen muchas fábulas, conocidas como las fábulas de Esopo. El criterio que aplicaba para lograr un buen cuento era simple: contar una historia atractiva que tuviera un mensaje fácil de recordar.*

2 Un cuervo se acercó, medio muerto de sed, a una jarra que creyó llena de agua.

3 Mas, al introducir su pico por la boca de la jarra...

4 ... se encontró con que solo quedaba un poco de agua en el fondo y que no podía alcanzar a beberla, así se esforzara.

5 Hizo varios intentos, luchó, batalló, pero todo fue inútil. Se le ocurrió entonces inclinar la jarra.

Antología de literatura, páginas 372-373

Vuelve a leer los párrafos 2, 3 y 4. **Encierra en un círculo** las evidencias del texto que te permiten saber cuál es el problema del cuervo. Escribe aquí tu respuesta.

COLABORA

Comenta con un compañero lo que hizo el cuervo para solucionar su problema. **Subraya** los intentos del cuervo. Comenten lo que creen que hará el cuervo a continuación.

1 Él probó una y otra vez, pero al fin, desesperado, tuvo que desistir de su intento. Le tomó un minuto evaluar la situación y concebir un plan.

2 Recogió tantas piedras como pudo.

3 Cogió una piedrecilla y la soltó en el interior de la jarra. Luego, miró el fondo.

4 Su plan no estaba funcionando aún. Cogió luego una segunda piedrecilla y la dejó caer en el fondo de la jarra. Después otra.

5 El cuervo miró de nuevo. "¡Este experimento puede funcionar!", pensó.

6 Una por una, soltó más piedras hasta que... ¡por fin! vio subir el agua. De esta forma, pudo satisfacer su sed y salvar su vida.

7 Moraleja: *La necesidad es la madre de la invención.*

Vuelve a leer el texto. **Haz una marca** junto a los pasos que siguió el cuervo para salvarse.

COLABORA

Vuelve a leer la moraleja de la fábula. Comenta con tu compañero lo que crees que significa. Escribe aquí tus ideas.

Releer

LECTURA COMPLEMENTARIA

¿Cómo muestra el autor su mensaje con las acciones del cuervo?

COLABORA

Coméntalo Vuelve a leer los fragmentos de las páginas 18 y 19. Comenta el problema del cuervo y la moraleja de la fábula.

Cita evidencias ¿Qué indican las acciones del cuervo? Escribe las evidencias del texto en la tabla.

Comienzo	Desarrollo	Conclusión

Lo que indican las acciones

Escribe Las acciones del cuervo transmiten el mensaje del autor porque

____

____

____

Evaluar información

Vuelve a leer el párrafo 1 de la página 18. Piensa en las características de las fábulas. Comenta con tu compañero cómo "El cuervo y la jarra" presenta estas características.

Imaginería

La imaginería es el uso de palabras o frases que sirven para crear imágenes mentales en el lector. Estas palabras o frases aluden generalmente a los cinco sentidos para describir cómo algo se ve, huele, se siente, sabe o suena. La imaginería puede influir también en el tono, o sentimiento, que quiera darle el autor.

BUSCAR EVIDENCIAS

En el párrafo 2 de la página 18 de "El cuervo y la jarra", el autor menciona que el cuervo estaba "medio muerto de sed". Al utilizar esta frase, el autor crea una imagen que evoca en el lector lo que sentiría si tuviera una sed extrema.

> Un cuervo se acercó, medio muerto de sed, a una jarra que creyó llena de agua.

COLABORA

Tu turno Vuelve a leer el resto de la página 18 y el párrafo 1 de la página 19.

- ¿Qué palabras pone el autor para crear imaginería? ______________________________

  ____

- ¿Cómo recurre el autor a la imaginería para crear y mantener el tono del relato? ______________________________

  ____

De lectores a escritores

Puedes utilizar imaginería en tu texto. Piensa en lo que quieres que tus lectores vean, oigan, toquen, huelan o saboreen. Elige palabras que creen esas imágenes. También piensa en el tono que quieres que tenga tu texto. Si quieres un tono de miedo, tranquilidad, inquietud o felicidad, elige palabras y frases que te ayuden a crear y mantener ese tono.

Conexiones del texto

¿Cómo te ayudan el pintor y los autores de *¿Cuándo un planeta no es un planeta?* y "El cuervo y la jarra" a adquirir conocimientos?

COLABORA

Coméntalo Mira la pintura y lee la leyenda. Comenta con un compañero lo que observas.

Cita evidencias **Encierra en un círculo** el objeto en el que el pintor quiere que centres tu atención. Piensa en cómo y por qué las personas adquieren conocimientos. Vuelve a leer la leyenda y **subraya** las evidencias que te indican cómo un cometa inspiró el conocimiento científico.

Escribe El pintor y los autores demuestran que el conocimiento se puede adquirir al ______________________________

____

____

____

____

____

____

Acuérdate

Piensa en lo que has leído en las selecciones y en la leyenda de esta página. Comenta la forma como se obtienen los conocimientos y lo que impulsa a las personas a adquirir conocimientos.

Giovanni Battista Donati descubrió este cometa en Florencia (Italia), el 2 de junio de 1858. Muchos astrónomos observaron y estudiaron este fenómeno. En muchos periódicos y revistas se publicaron artículos sobre este cometa. En su pintura, William Turner quiso representar la cola curvada del cometa. El cometa de Donati impulsó a muchos científicos y a otras personas a aprender más sobre el cielo nocturno.

CIENCIAS

Presentar el trabajo

COLABORA

Comenta la forma como presentarás tu *podcast* de las características de la Tierra, el Sol y la Luna. Aplica las estrategias de la derecha. Comenta los comienzos de oración de abajo y escribe tus respuestas.

La información interesante que aprendí de la relación entre el Sol, la Tierra y la Luna es ______________________________

____

____

Me gustaría aprender más sobre ______________________________

____

____

____

tecnoNOTAS

Puedes presentar tu *podcast* en vivo a la clase. Si lo grabas para tu presentación, revisa que el audio sea claro y se entienda fácilmente. Puedes eliminar pausas largas o interrupciones.

Comprobar la presentación

- ☐ Designa un rol de interlocutor a cada integrante de tu grupo. Practica la presentación y haz comentarios.
- ☐ Habla lentamente, con claridad y a un volumen adecuado.
- ☐ Por medio de la expresión y el tono apropiado, muestra al público que tienes ideas interesantes e importantes para compartir.
- ☐ Escucha con atención los comentarios y las preguntas del público.

Texto modelo

Antología de literatura, páginas 354–369

Características del informe de investigación

Un informe de investigación es un texto expositivo en el que se les comunica a los lectores información relevante de un tema. Esta información se ha obtenido de varias fuentes. En un informe de investigación:

- se presenta un tema de forma interesante;
- se hace un recuento de hechos, detalles específicos, ejemplos y explicaciones que se recopilaron en una investigación;
- se organiza la información en un orden lógico.

gramatiNOTAS

En la página 355, el lenguaje con el que la autora comienza el texto es entretenido y fácil de entender. Gracias a esto, los lectores sienten que la autora les habla de un tema que a ella le parece interesante.

Analiza el texto modelo El estudio de informes de investigación te servirá para planificar y escribir tu propio informe. **Vuelve a leer** el primer párrafo de *¿Cuándo un planeta no es un planeta?* en la página 355 de la **Antología de literatura.** Escribe abajo tus respuestas.

¿Cómo capta tu atención la autora? ______________________

____

____

¿Qué detalle específico de Mercurio y Plutón menciona la autora? __________

____

____

____

Planificar: elige un tema

COLABORA

Lluvia de ideas Con un compañero, haz una lluvia de ideas de los avances científicos que han ocurrido en el siglo XXI. Entre ellos puedes incluir nuevos conocimientos e inventos. Escribe abajo tus respuestas.

Acuérdate

Si no estás seguro de qué avances científicos ocurrieron en el siglo XXI, puedes pedirle ayuda a tu maestro.
Para elegir un tema, piensa en lo que más te interesa. ¿Qué te gustaría aprender de este tema?

Instrucción de escritura Elige un avance científico del siglo XXI que aparezca en tu lista. Escribe un informe de investigación acerca de este avance. Asegúrate de mencionar su importancia.

Escribiré un informe de investigación acerca de ______________________.

Propósito y público Piensa en el público que leerá o escuchará tu informe. ¿Cuál será tu **propósito:** informar, persuadir o entretener?

El propósito de mi texto es ______________________.

Planifica En tu cuaderno de escritura, haz una tabla de idea principal y detalles para planificar tu texto. Completa la casilla de la idea principal y las casillas de los detalles a medida que investigas sobre tu tema.

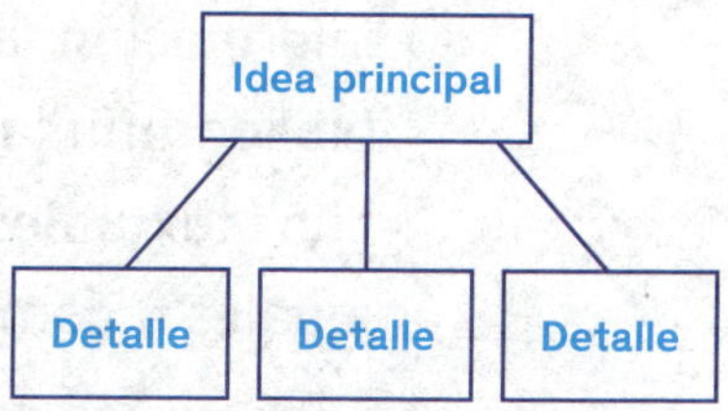

Planificar: información relevante

Selecciona información relevante Luego de hallar fuentes confiables para tu informe, busca información relevante o que se relacione con tu tema. La idea principal de tu tema te puede servir para buscar la información más pertinente. A medida que lees las fuentes, piensa en estas preguntas:

- ¿He leído la fuente con atención y críticamente?
- ¿En esta fuente de información hay evidencias confiables para sustentar una de mis ideas principales?
- ¿He utilizado diversas fuentes para buscar distintos tipos de información? Otras fuentes pueden proporcionar información adicional.

Enumera dos datos relevantes para tu informe.

1. ______________________________
2. ______________________________

Cita tus fuentes Anota la fuente de cada dato relevante que encuentres e incluye el número de página o el nombre del sitio web que consultaste. Evita el plagio. Si quieres hacer una paráfrasis de la información, es necesario que cites en la bibliografía las fuentes que utilizaste. Las citas textuales deben ser exactamente iguales a como aparecen en la fuente.

Tom Grill/Blend Images/Image Source

Hacer un borrador

Hechos y detalles específicos Los autores emplean hechos y detalles específicos para sustentar las ideas principales de sus informes de investigación. En el ejemplo de abajo, tomado de "Cambios visuales de la Tierra", el autor presenta hechos, como la época, y detalles específicos, como "cinco kilómetros", para referirse a la altura a la que podían llegar los científicos con las aeronaves.

> El desarrollo de aeronaves a comienzos del siglo XX prometía formas seguras de observar la superficie terrestre y la atmósfera. Las cometas y los globos alcanzan altitudes de aproximadamente tres kilómetros. En comparación, los aeroplanos llevaban a los científicos a altitudes de cinco kilómetros o más.

Ahora utiliza este párrafo como modelo para escribir del avance científico del siglo XXI que elegiste como tema. Enuncia tu idea principal. Luego, menciona los hechos y detalles específicos de tu investigación que son relevantes para tu idea principal.

____

____

____

Haz un borrador Utiliza el organizador gráfico de idea principal y detalles para escribir un borrador en tu cuaderno de escritura. No olvides incluir una introducción que despierte interés por tu tema.

Enlace gramatical

Asegúrate de que los pronombres concuerden en género y en número con su antecedente.
El antecedente es el sustantivo propio o común anterior al que hace referencia el pronombre.

Revisar

Orden lógico Cuando los autores revisan su borrador, se deben asegurar de que los hechos y detalles específicos se presenten en un orden lógico, o secuencia que tenga sentido. El lector debe poder seguir las ideas y comprender las conexiones. Lee el párrafo de abajo. Luego, comprueba que los hechos y detalles se presentan en un orden lógico.

A mediados del siglo XVIII, algunos científicos lograron obtener mediciones cada vez a mayores altitudes. Los globos aerostáticos ofrecieron nuevas maneras de transportar los aparatos de medición por el cielo. Primero usaron cometas.

gramatiNOTAS

Al revisar, comprueba que las ideas sean claras y coherentes. Puede que tengas que reorganizar las ideas. Por ejemplo, "Ella observa las estrellas mirando por la ventana". La estructura de esta oración es confusa porque parece que las estrellas estuvieran mirando por la ventana. "Mirando por la ventana, ella observa las estrellas" tiene más sentido.

Revisión Revisa tu borrador. Comprueba que presentas los hechos y detalles específicos en orden lógico. Piensa cuál es el mejor orden para que tus lectores aprendan sobre historia y la importancia del avance científico. Asegúrate de expresar correctamente lo que averiguaste en tu investigación.

Charlas entre compañeros

COLABORA

Revisión del borrador Escucha con atención mientras tu compañero lee su trabajo en voz alta. Comenta lo que te gustó del borrador. Haz preguntas que ayuden a tu compañero a reflexionar sobre lo que escribió. Haz sugerencias para mejorar la claridad y coherencia del texto. Completa estas oraciones como guía para la charla:

Me gustó esta parte de tu borrador porque...

Esa idea no parece relevante. Podrías explicar por qué...

No estoy seguro del orden de...

Sugerencias de compañeros Cuando tu compañero haya comentado tu borrador, escribe una de las sugerencias que aplicarás en tu revisión. Consulta la tabla de pautas de evaluación de la página 31.

A partir de las sugerencias de mi compañero, haré ______________________

Luego de la charla entre compañeros, reflexionen. ¿Resultó útil el intercambio? ¿Qué podrían hacer de otro modo la próxima vez?

Revisión Al revisar tu borrador, consulta las sugerencias de comprobar la revisión para determinar qué ideas debes agregar, eliminar, combinar y reorganizar en tu texto. Consulta las pautas de evaluación de la página 31.

Recursos digitales

Para más información sobre charlas entre compañeros, entra en **my.mheducation.com** y mira el video Conversar y colaborar: Charlas entre compañeros.

Comprobar la revisión

- ☐ ¿Se adecúa mi texto a mi propósito y mi público?
- ☐ ¿Es la información que incluí relevante para el tema?
- ☐ ¿Incluí hechos y detalles específicos que sustenten la idea principal?
- ☐ ¿Presento los hechos y detalles en orden lógico?

Corregir

Al **corregir** tu texto, tienes que buscar los errores de ortografía, puntuación, uso de mayúsculas y otros aspectos gramaticales. Si lees un borrador varias veces, estarás seguro de no pasar por alto ningún error. Fíjate en las sugerencias de comprobar la corrección.

Comprobar la corrección

- ☐ ¿Comienzan todas las oraciones con mayúscula y tienen los signos de puntuación adecuados?
- ☐ ¿Hay oraciones incompletas?
- ☐ ¿Existe concordancia de número entre el sujeto y el verbo?
- ☐ ¿Se utilizan correctamente las comillas en las citas?
- ☐ ¿Comienzan con mayúscula los sustantivos propios?
- ☐ ¿Están todas las palabras escritas correctamente?

Escribe dos errores que hayas encontrado al corregir tu texto.

1. ______________________________

____

2. ______________________________

____

tecnoNOTAS

La función de revisión ortográfica es útil en los programas procesadores de texto, pero no siempre identifica errores, tales como *por qué* cuando se ha querido decir *porque*. La función de revisión ortográfica no reemplaza a una lectura atenta en busca de errores.

Enlace gramatical

Al corregir tu texto, asegúrate de que los sustantivos propios comiencen con mayúscula. Se escriben con mayúscula inicial los nombres, lugares, organizaciones y sucesos si tienen un título o nombre específico.

Publicar, presentar y evaluar

Publicación Al **publicar** tu texto, muestra una copia limpia, clara y sin errores. Al hacer tu borrador final, asegúrate de escribirlo en cursiva de forma legible. Comprueba que agarras el lápiz correctamente entre el dedo índice y el pulgar. Si agregas elementos visuales, tu texto resultará más interesante. Considera la inclusión de ilustraciones, gráficas o fotografías que hagan tu informe de investigación más interesante.

Presentación Cuando estés listo para **presentar** tu trabajo, ensaya tu presentación. Como guía, lee las pautas de comprobar la presentación.

Evaluación Después de publicar tu texto, lee las pautas de evaluación que se muestran abajo para **evaluar** tu texto.

¿Qué aspectos son satisfactorios? ______________________

¿Qué partes requieren más trabajo? ______________________

Comprobar la presentación

- ☐ Mira al público.
- ☐ Habla lentamente y con claridad.
- ☐ Habla a un volumen lo suficientemente alto para que todos te escuchen.
- ☐ Presenta elementos visuales para que todos puedan ver.
- ☐ Responde las preguntas a conciencia, con detalles de tu tema.

4	3	2	1
• El tema captura la atención del lector y el propósito del informe es claro. • El texto tiene datos verificables, detalles específicos, ejemplos y explicaciones relevantes para el tema. • El autor presenta la información en orden lógico.	• El tema y el propósito del informe son claros. • El texto tiene algunos datos verificables, detalles específicos, ejemplos y explicaciones que no son relevantes para el tema. • El autor presenta la mayor parte de la información en orden lógico.	• El tema es claro, pero el propósito del informe no. • El texto tiene pocos datos, detalles específicos, ejemplos o explicaciones que se derivan de una investigación. • El autor hace un esfuerzo por presentar la información en orden lógico.	• Ni el tema ni el propósito del informe son claros. • El texto no tiene datos, detalles específicos, ejemplos o explicaciones que se derivan de una investigación. • El autor no presenta la información en orden lógico.

Coméntalo

Pregunta esencial

¿Es útil compartir experiencias para adaptarse a los cambios?

COLABORA

Durante la década de 1930, la Gran Depresión afectó a la población de muchos países. En Estados Unidos, muchas personas perdieron su empleo. Mientras esperaban en largas filas para lograr conseguir trabajo, aprovechaban para compartir sus historias. Estas personas confiaban en los grupos de apoyo, como el que se muestra en la fotografía.

ESTUDIOS SOCIALES

Comenta con un compañero cómo te has adaptado a un cambio. ¿Qué palabras y frases se te vienen a la mente? Escríbelas en la red de palabras.

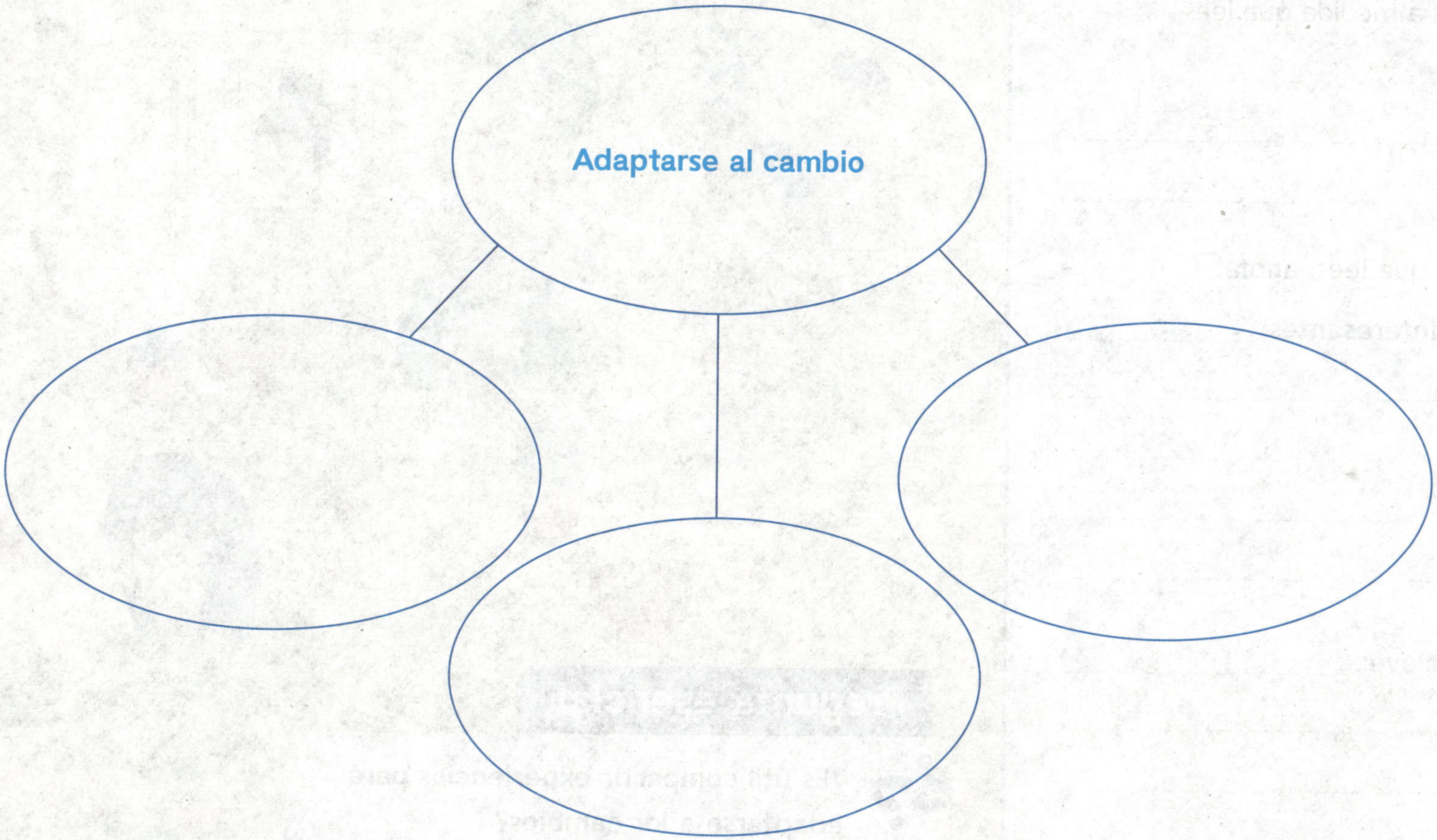

BLAST BACK! studysync

Ve a **my.mheducation.com** y lee el *Blast* "Experiencias compartidas por medio de la música". Piensa en cómo el intercambio de experiencias ayuda a adaptarse a los cambios. ¿Cómo podría la música acercar a las personas en periodos de cambio? Luego, comenta tus respuestas al *Blast*.

Universal Images Group/Getty Images

LECTURA COMPARTIDA

TOMA NOTAS

Antes de leer, da un vistazo al texto y plantea preguntas relacionadas con el título y las ilustraciones. Escribe tus preguntas abajo. Luego, busca las respuestas a medida que lees.

____

____

____

A medida que lees, anota:

Palabras interesantes: _______________

____

____

____

____

Detalles clave: _______________

____

____

____

____

LOS HIJOS DEL ESCRIBA

Emma Romeu Riaño

Ilustraciones de Gaby D'Alessandro

Pregunta esencial

¿Es útil compartir experiencias para adaptarse a los cambios?

Lee sobre cómo una familia se une para preservar la escritura de jeroglíficos.

En un reino maya del sureste de México vivía el escriba Aj Nahil. Era el año 1200 y su oficio de escritor de jeroglíficos en los códices, o libros manuscritos, era uno de los mejores en aquellos tiempos. Aj Nahil laboraba día tras día para mostrar sobre el papel la **sabiduría** de su pueblo. En los códices estaban los calendarios, se hablaba de los dioses y se registraban los conocimientos y las predicciones del futuro.

Pero un día, las manos de Aj Nahil se engarrotaron por una enfermedad y su trabajo se detuvo. El escriba se preocupó. El códice debía ser entregado al *ahau*, o rey, antes de las ceremonias del nuevo *katún*, que es el periodo de veinte años del calendario maya. El presente *katún* estaba por terminar. El rey quería consultar en el códice los augurios para el próximo periodo y evitar que cayera sobre sus territorios la ira de los dioses. De lo contrario, se secarían las cosechas de frijol, calabaza, chile, ají y maíz; la lluvia no regresaría por mucho tiempo, y decaería la salud de su pueblo y el **comercio.**

Aj Nahil era viudo y tenía cinco hijos. Confiaba tanto en ellos que les pidió ayuda. El hijo mayor, un joven buen mozo y chapeteado, se encargó de suministrar el papel y tempranito iba al monte a buscar las largas tiras del árbol de ficus para preparar las hojas. El toque final era cubrir las **láminas** con un estuco de fina cal, con lo que el papel quedaba blanco y liso, listo para la escritura.

El hermano que le seguía en edad se ocupó de los pigmentos para hacer las tintas. Hacía falta mucho rojo para colorear los marcos de las páginas, y tinta negra para los glifos o símbolos con que se contaban las historias, además de azul, amarillo y otros colores.

El siguiente hermano, que era muy dedicado, leía sin descanso y con persistencia la información que se escribía en el nuevo códice y la comparaba con lo que enseñaban los libros antiguos. Tomaba mucho tiempo transcribir los nuevos descubrimientos astronómicos y lo relativo a los dioses. Sin embargo, al igual que al padre, al hijo no se le escapaba ni un detalle.

FICCIÓN HISTÓRICA

BUSCAR EVIDENCIAS

Leer

Párrafos 1–2

Hacer predicciones

Haz una predicción de lo que se dice en el códice que es para el rey. Escribe las evidencias en las que te apoyas.

Párrafos 2-5

Palabras en otras lenguas

Encierra en un círculo la palabra *katún y* escribe su significado abajo.

Releer

Técnica del autor

¿Desde qué punto de vista está escrito el relato? ¿Por qué el autor escribió desde este punto de vista?

LECTURA COMPARTIDA

BUSCAR EVIDENCIAS

Leer

Párrafos 1–2

Comparar y contrastar

Compara y contrasta las habilidades del cuarto hermano y de Lol Be. **Encierra en un círculo** las frases que indican esa información. ¿Cuáles son sus habilidades?

____

____

____

Párrafo 3

Modismos

¿Qué claves de contexto te ayudan a determinar el significado de "así le costara un ojo de la cara"?

____

____

Releer

Técnica del autor

¿Qué mensaje transmite el autor al mostrar la forma como la familia actuó ante las dificultades?

El cuarto hermano hacía los pinceles y los limpiaba, hasta dejarlos perfectos para hacer los mejores trazos.

Pero la que tenía la habilidad para hacer los glifos y dibujos era la pequeña Lol Be. Su nombre significaba "flor del camino". Sin embargo, aunque la aprendiz ponía todo su empeño, no siempre conseguía trabajar tan rápido como su padre, ni eran sus trazos exactamente iguales que los de él. A veces, hasta tenía que raspar algún pedazo de estuco, volver a cubrirlo de blanco y delinear el símbolo nuevamente.

Se acercaba el día de entregar el códice, y Lol Be se despertaba en las madrugadas para adelantar el trabajo. Ella haría el códice así le costara un ojo de la cara. Sabía que una demora le traería a su padre problemas con el *ahau*. Nadie podía confundir las fechas en los reinados mayas, ya que para eso contaban con un magnífico calendario de 365 días. A Lol Be se le cerraban los ojos a causa del sueño, se le caía el tintero hecho de caracola y se le resbalaban los pinceles de la mano de tanto cansancio. No tiró la toalla, pero, por más que se empeñó, no pudo terminar hasta días después.

En su asiento de piedra, mirando hacia el bosque, el rey esperaba con su majestuosa **túnica** de piel de jaguar, y adornado con plumas, brazaletes y collares. Tenía la boca apretada en una mueca. Todos en el reino temían aquella expresión. Aj Nahil sintió tanto miedo, que el códice de hojas con **dobleces** en forma de acordeón, cubierto con elegantes tapas de madera que le había hecho su hijo mayor, casi se le cae al piso.

El rey examinó las páginas con detenimiento. En el silencio de la cámara, se oía el **rumor** de las hojas de los códices que hojeaba. Al terminar, miró fieramente al escriba. Había notado la diferencia entre los acreditados trazos de Aj Nahil y los de un escriba desconocido. Ante la tardanza, Aj Nahil sintió culpabilidad.

El escriba levantó las manos para pedir clemencia. Muy cerca, atenta a lo que ocurría, se encontraba la hermana del rey. La **juiciosa** mujer le recordó al *ahau* la noticia que circulaba acerca de la habilidad que tenía con los pinceles la hija del escriba. Nadie la había visto últimamente por los sembradíos de ají, a donde iba con frecuencia para hacer en **vasijas** de barro sus dibujos de flores, aves y mariposas. Al haber ayudado a su padre, la pequeña podía ser la responsable de aquellos nuevos trazos en el códice.

Entonces, un aleteo muy cerca de la oreja del rey lo hizo seguir con la vista la bolita de plumas y colores que se dirigía hacia el camino. Se trataba de un colibrí que iba a libar en unas flores recién abiertas. Era la primera vez que aquellas exóticas plantas traídas desde una selva lejana florecían en los senderos. Eran flores del camino, así que el rey no tardó en aceptar que se trataba de un mensaje de los dioses. Hizo borrón y cuenta nueva: el escriba Aj Nahil fue perdonado.

Y así, en vez de un castigo, Aj Nahil recibió un amplio taller cerca de las pirámides. Y por muchísimos años, continuó haciendo allí, junto a sus solidarios hijos, códices valiosos de la civilización maya.

Resumir

Resume oralmente el relato con ayuda de tus notas. Describe los personajes en tu resumen.

FICCIÓN HISTÓRICA

BUSCAR EVIDENCIAS

Leer

Párrafos 1–3

Comparar y contrastar

Subraya las palabras que muestran el cambio de humor del rey.

Párrafos 2-4

Confirmar predicciones

¿Qué tan acertada fue tu predicción?

____

____

____

Releer

Técnica del autor

¿Cómo utiliza el autor la imaginería para el cambio en el punto de vista del rey?

Fluidez

Túrnate con un compañero para leer en voz alta los primeros dos párrafos. Léelos a un ritmo apropiado.

Releer | LECTURA COMPARTIDA

Vocabulario

A partir de las oraciones que se dan como ejemplo, comenta con un compañero lo que significa cada palabra. Luego, responde las preguntas.

comercio

Camilo es la persona que trabaja en el **comercio** del calzado.

¿Qué puedes encontrar en un comercio?

____

____

doblez

Tengo que hacer muchos **dobleces** para completar mi figura de origami.

¿Sabes por qué no debes hacer dobleces en las páginas de los libros?

____

____

juicioso

Susana es muy **juiciosa**, ayuda a sus papás con las labores de la casa.

¿Por qué deberías ser juicioso en clase?

____

____

lámina

La ilustración de este libro se estampó en **láminas** de metal.

Además de un libro, ¿qué otro objeto puede tener láminas de colores?

____

____

rumor

Se escucha el **rumor** de las palmeras a lo lejos.

¿Cuál es un sinónimo de rumor?

____

____

Tu lista de palabras Vuelve a leer el último párrafo de la página 35. Encierra en un círculo la palabra *descubrimientos*. En tu cuaderno de escritura, escribe la raíz y palabras de la misma familia. Luego, haz lo mismo con otra palabra que tenga el sufijo *-miento*. Busca palabras de la misma familia en un diccionario impreso o en línea.

sabiduría

Este profesor tiene gran **sabiduría** gracias a los libros que ha leído.

¿Cómo notas que alguien tiene sabiduría?

____

____

túnica

En la Antigüedad, los soldados romanos llevaban **túnicas** de color rojo o blanco.

¿En qué otro periodo de la Antigüedad la gente llevaba túnicas?

____

____

vasija

Muchas **vasijas** son de cristal, de metal o de barro.

¿Quién es la persona que fabricó esta vasija?

____

____

Modismos

Un **modismo** es una expresión de lenguaje figurado cuyo significado no se puede entender por las palabras que lo componen. El significado de un modismo se puede inferir de palabras u oraciones cercanas a él.

BUSCAR EVIDENCIAS

No estoy seguro de lo que significa el modismo tirar la toalla *de la página 36. Cuando pienso en la palabra "tirar" la asocio con dejar caer o abandonar algo. El cansancio nos puede motivar a abandonar una idea o una meta. Ese debe ser el significado.*

A Lol Be se le cerraban los ojos a causa del sueño, se le caía el tintero hecho de caracola y se le resbalaban los pinceles de la mano de tanto cansancio. No tiró la toalla, pero, por más que se empeñó, no pudo terminar hasta días después.

Tu turno Fíjate en las claves de contexto para explicar el significado del modismo de "Los hijos del escriba".

Hizo borrón y cuenta nueva, página 37 ____________

____

Ilustraciones de Gaby D'Alessandro

Releer | LECTURA COMPARTIDA

Hacer predicciones

Hacer predicciones sobre un relato te ayudará a comprenderlo mejor. Las ilustraciones y las claves del texto sirven para predecir lo que pasará. Entender las características de un género hará más acertada tu predicción.

Acuérdate

Piensa en lo que está pasando en el relato. Presta atención a lo que hacen los personajes. Esto te ayudará a pensar en lo que puede pasar después. No te olvides de verificar tu predicción a medida que lees.

BUSCAR EVIDENCIAS

Con base en el primer párrafo de la página 37 puedes hacer una predicción de lo que le ocurrirá a Aj Nahil si el rey nota que sus hijos hicieron el códice.

Página 37

El rey examinó las páginas con detenimiento. En el silencio de la cámara, se oía el **rumor** de las hojas de los códices que hojeaba. Al terminar, miró fieramente al escriba. Había notado la diferencia entre los acreditados trazos de Aj Nahil y los de un escriba desconocido. Ante la tardanza, Aj Nahil sintió culpabilidad.

Leí que el rey examinó las páginas y miró fieramente al escriba. A partir de esto predije que castigaría a Aj Nahil. Cuando leí que el rey lo había perdonado revisé mi predicción.

COLABORA

Tu turno Vuelve a leer las páginas 35 y 36 de "Los hijos del escriba". ¿Qué claves te permitieron hacer predicciones del papel que Lol Be desempeñaría en el relato?

____

____

Palabras en otras lenguas

En "Los hijos del escriba", la autora incluye algunas palabras en lengua maya. Como en el texto se cuenta un relato cuyos personajes son mayas, se emplean palabras en esa lengua para darle más realismo al género de la ficción histórica. Con ese recurso, la autora crea un ambiente más creíble.

De lectores a escritores

Las palabras en otras lenguas le dan más realismo a la lectura si estas son correctas de acuerdo al lugar y a la época. ¿Qué palabras en otras lenguas que estén vigentes conoces?

BUSCAR EVIDENCIAS

Sé que "Los hijos del escriba" *es un texto de ficción histórica porque trata de las actividades y costumbres de la civilización maya. Los antiguos mayas tenían una lengua propia en la cual se expresaban y realizaban sus actividades cotidianas.*

Página 35

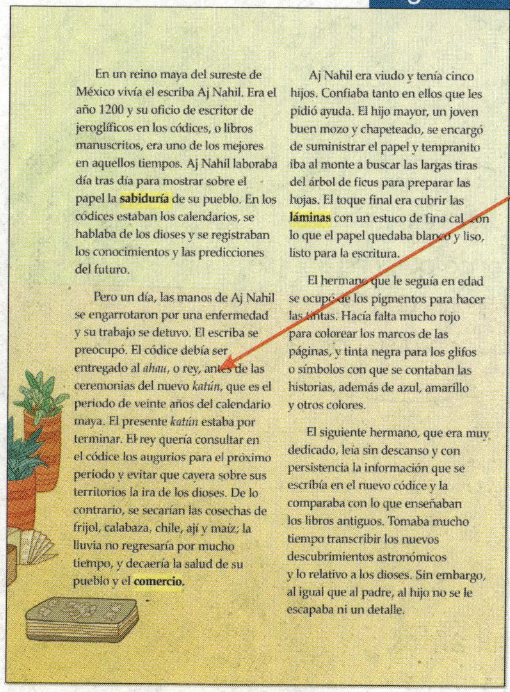

En un reino maya del sureste de México vivía el escriba Aj Nahil. Era el año 1200 y su oficio de escritor de jeroglíficos en los códices, o libros manuscritos, era uno de los mejores en aquellos tiempos. Aj Nahil laboraba día tras día para mostrar sobre el papel la **sabiduría** de su pueblo. En los códices estaban los calendarios, se hablaba de los dioses y se registraban los conocimientos y las predicciones del futuro.

Pero un día, las manos de Aj Nahil se engarrotaron por una enfermedad y su trabajo se detuvo. El escriba se preocupó. El códice debía ser entregado al *ahau*, o rey, antes de las ceremonias del nuevo *katún*, que es el periodo de veinte años del calendario maya. El presente *katún* estaba por terminar. El rey quería consultar en el códice los augurios para el próximo periodo y evitar que cayera sobre sus territorios la ira de los dioses. De lo contrario, se secarían las cosechas de frijol, calabaza, chile, ají y maíz; la lluvia no regresaría por mucho tiempo, y decaería la salud de su pueblo y el **comercio.**

Aj Nahil era viudo y tenía cinco hijos. Confiaba tanto en ellos que les pidió ayuda. El hijo mayor, un joven buen mozo y chapeteado, se encargó de suministrar el papel y tempranito iba al monte a buscar las largas tiras del árbol de ficus para preparar las hojas. El toque final era cubrir las **láminas** con un estuco de fina cal, con lo que el papel quedaba blanco y liso, listo para la escritura.

El hermano que le seguía en edad se ocupó de los pigmentos para hacer las tintas. Hacía falta mucho rojo para colorear los marcos de las páginas, y tinta negra para los glifos o símbolos con que se contaban las historias, además de azul, amarillo y otros colores.

El siguiente hermano, que era muy dedicado, leía sin descanso y con persistencia la información que se escribía en el nuevo códice y la comparaba con lo que enseñaban los libros antiguos. Tomaba mucho tiempo transcribir los nuevos descubrimientos astronómicos y lo relativo a los dioses. Sin embargo, al igual que al padre, al hijo no se le escapaba ni un detalle.

Palabras en otras lenguas

Las palabras en otros idiomas son comunes en la ficción histórica porque le dan más credibilidad al relato. Generalmente, en el texto se incluye su significado.

Tu turno Menciona otro ejemplo de palabras en otra lengua en "Los hijos del escriba" y su significado. ¿Por qué incluyó la autora ejemplos de palabras mayas en su texto de ficción histórica?

____

____

____

Comparar y contrastar

Los personajes de los relatos pueden ser iguales o diferentes en cuanto a sus rasgos, formas de actuar y reacciones. Al **comparar y contrastar** los personajes, puedes comprender cómo sus personalidades y acciones influyen en los sucesos y cómo los sucesos influyen en ellos. Esto te permitirá analizar las relaciones y los conflictos entre los personajes.

Acuérdate

Las siguientes palabras y frases son claves para comparar y contrastar.

Comparar: *igual que, como, lo mismo*

Contrastar: *diferente, distinto, contrario*

BUSCAR EVIDENCIAS

Cuando vuelvo a leer la página 37, puedo fijarme en los detalles del texto para comparar las actitudes del rey y de su hermana en la entrega del códice.

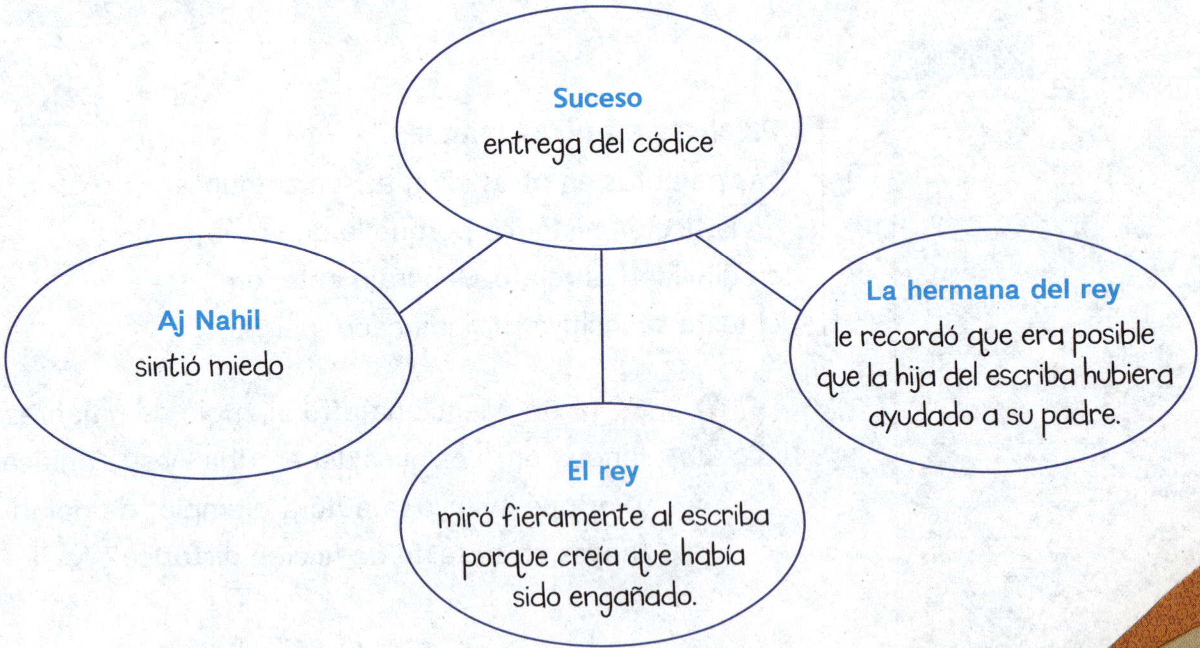

COLABORA

Tu turno Compara los cambios de actitud del rey y de Aj Nahil antes, durante y después de la entrega. Completa el organizador gráfico.

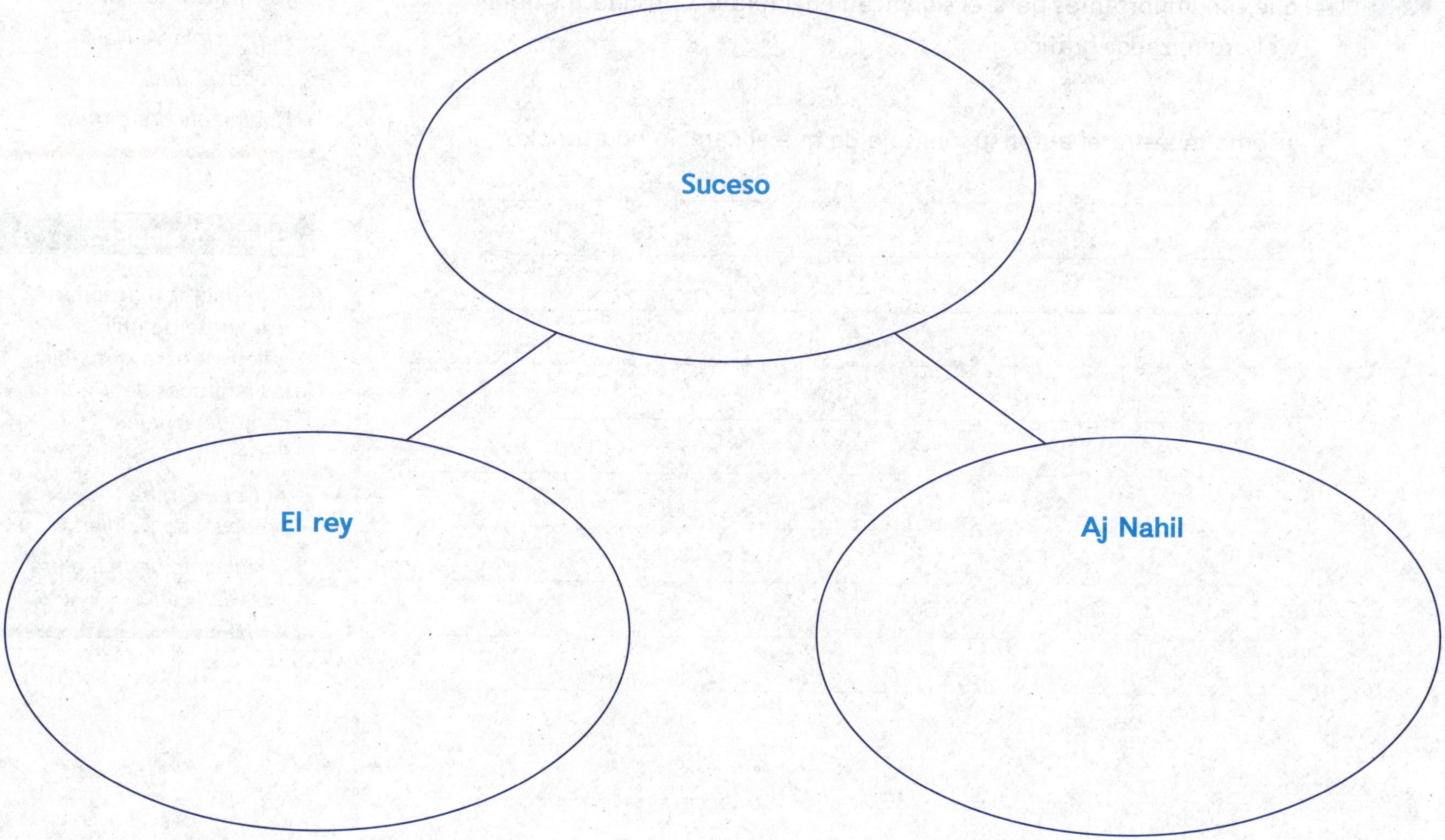
Suceso
El rey
Aj Nahil

Responder a la lectura

COLABORA

Responde por escrito la pregunta de abajo. Piensa en ideas específicas que son importantes para el significado del relato. Consulta tus notas y el organizador gráfico.

¿Cómo muestra el autor su mensaje de que el cambio no es malo?

____

____

____

____

____

____

____

____

____

____

____

____

____

____

Acuérdate

Completa estas oraciones para analizar el texto y organizar tus ideas:

Al principio, Aj Nahil...

Luego leí que...

Finalmente, los dioses...

Enlace gramatical

Al redactar tu respuesta, asegúrate de utilizar adjetivos para describir las actitudes de cada personaje.
Por ejemplo:

Aj Nahil estaba preocupado y callado.

El siguiente hermano era muy dedicado.

ESTUDIOS SOCIALES

Fuentes fiables

Una **fuente primaria o secundaria fiable** presenta información fidedigna. Puedes encontrar fuentes primarias o secundarias en medios impresos o en línea. Al consultar medios en línea, pregúntate:

- ¿Es una fuente conocida por su fiabilidad y exactitud?
- ¿Está la información organizada adecuadamente?
- ¿Se dan al autor los créditos de su información?

¿Qué más puedes hacer para verificar si el medio en línea es fiable?

____

____

En una biblioteca encontrarás fuentes fiables. El bibliotecario pueden sugerirte textos.

COLABORA

Haz un *collage* Trabaja con un compañero o en grupo para crear un *collage* sobre la Gran Depresión. Un *collage* es una obra de arte en la que se mezclan distintos materiales, imágenes y textos para tratar un tema. Para determinar el tema del *collage,* piensen en:

- los líderes que trabajaron para solucionar los problemas de las personas;
- las dificultades que enfrentaron los granjeros y los habitantes de la ciudad;
- las formas de entretenimiento y diversión de las personas.

Comenten las fuentes fiables que podrían emplear. Podrían encontrar lo que buscan en libros, revistas y medios digitales. No olviden pedirle a un adulto que les ayude con su plan de investigación.

tecnoNOTAS

Pídele a tu maestro o a otro adulto que te recomiende un programa para hacer *collages.* Muchos programas te ayudarán a dar forma a tu *collages* y te permitirá añadir texto, fondos, fotografías e ilustraciones.

Releer | TEXTO PRINCIPAL

Las ruinas indias

¿Por qué emplea el autor el punto de vista en tercera persona en su relato?

Antología de literatura, páginas 374-383

COLABORA

Coméntalo Vuelve a leer la página 377. Comenta con un compañero los detalles de Tenochtitlán.

Cita evidencias ¿Cómo describe el autor la ciudad de Tenochtitlán? Completa el organizador gráfico.

Evaluar información

Puedes identificar que el punto de vista del texto es de tercera persona por el uso de palabras como "se", "le" y "su".

Escribe El autor escribe el punto de vista en tercera persona para ______

______

______

¿Por qué es importante identificar la opinión del narrador en el relato?

COLABORA

Coméntalo Vuelve a leer las páginas 376-381. Comenta con un compañero los detalles que evidencian la posición del narrador.

Cita evidencias ¿Qué detalles muestran lo que piensa el narrador sobre Tenochtitlán? Escribe las evidencias del texto en el organizador gráfico.

Escribe Es importante identificar la opinión del narrador ______________

____

____

Acuérdate

En la ficción histórica, el autor elige un suceso histórico para desarrollar la trama del relato, a partir de personajes y sucesos reales y ficticios.

Sintetizar información

Haz una lista de la descripción de la ciudad y de sus habitantes. Esto te ayudará a visualizar el escenario de la época y lo que hacían las personas

Releer | TEXTO PRINCIPAL

¿Cómo te ayuda el autor a entender el paso del tiempo en el relato?

COLABORA

Coméntalo Vuelve a leer la página 383. Comenta con un compañero lo que queda del pasado de Tenochtitlán.

Cita evidencias Da dos ejemplos de palabras y oraciones que te ayudan a saber lo que fue y lo que queda de Tenochtitlán. Escribe tu respuesta en el organizador gráfico.

Evidencias	¿Qué significa?

Escribe El autor me ayuda a entender el paso del tiempo en el relato por medio de ______________________________

____

____

____

Acuérdate

Cuando vuelves a leer, puedes entender mejor la secuencia de los sucesos y lo que cambia en el desarrollo del relato.

Responder a la lectura

COLABORA

Responde por escrito la siguiente pregunta. Al responder, piensa en las palabras que utiliza el narrador y en si es un personaje del relato. Consulta tus notas y el organizador gráfico.

¿Por qué es importante el punto de vista para entender lo que el autor quiere transmitir?

Acuérdate

Completa estas oraciones para organizar las evidencias del texto:

El punto de vista del relato...

Esto me permite conocer...

El autor emplea

Mis lecturas

Elige un texto y anota en tu cuaderno de escritura el título, el autor y el género del libro. Asegúrate de incluir en el cuaderno tu respuesta personal al texto.

Photo Spin/Getty Images

Releer **LECTURA COMPLEMENTARIA**

Impresiones musicales de la Gran Depresión

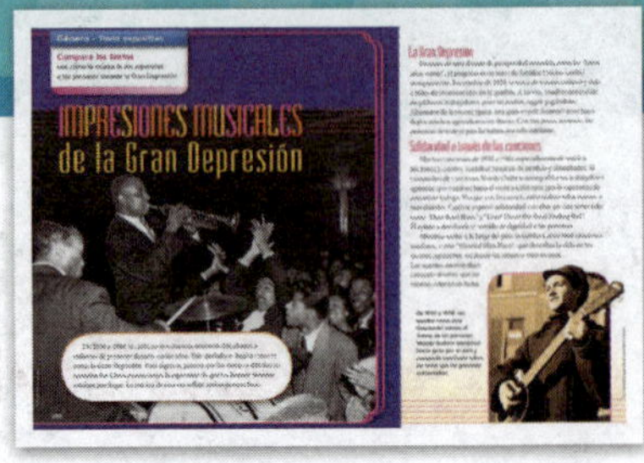
Impresiones musicales de la Gran Depresión

Antología de literatura, páginas 386-389

Solidaridad a través de las canciones

1 Muchas canciones de 1930 a 1940, especialmente de música folclórica y *country*, narraban historias de pérdidas y dificultades. El compositor de canciones Woody Guthrie acompañó a los trabajadores agrícolas que viajaban hacia el oeste a California con la esperanza de encontrar trabajo. Vio que con frecuencia enfrentaban retos nuevos y más difíciles. Guthrie expresó solidaridad con ellos en canciones tales como "Dust Bowl Blues" y "Goin' Down the Road Feeling Bad". Él ayudó a devolverles el sentido de dignidad a las personas.

2 Mientras tanto, a lo largo del país, la familia Carter tocó canciones similares, como "Worried Man Blues", que describía la vida en los montes Apalaches, en donde los recursos eran escasos. Los oyentes encontraban consuelo al saber que no estaban solos en su lucha.

Vuelve a leer el fragmento. **Subraya** en el párrafo 1 la oración que explica el propósito de las canciones de Woody Guthrie. Escribe cómo este tipo de música inspiró a las personas que lucharon durante esa época.

____

____

____

____

COLABORA

Comenta con un compañero por qué se logró cambiar, por medio de la música, la forma como las personas se sentían durante una época difícil. **Encierra en un círculo** otro fragmento que sirva de ejemplo en el párrafo 2.

El *swing*

1 Los tiempos eran ciertamente difíciles en el campo. Y en las ciudades de la nación, la situación era igualmente difícil. En algunas comunidades afroamericanas, el desempleo estaba por encima del cincuenta por ciento. Estos retos les recordaban a algunos los primeros tiempos de la esclavitud, y muchos encontraron consuelo en los estilos musicales de esa era: *gospel* y *blues*.

2 El *jazz*, una nueva forma de música con ritmos de compases animados, levantaba los ánimos de las personas. Líderes de bandas como Duke Ellington y Count Basie crearon un nuevo estilo de *jazz* de gran energía llamado *swing*. En todo el país, la gente de todas las razas respondió entusiasmada a estos ritmos positivos. Las personas dejaban atrás sus problemas y escapaban a la pista de baile.

3 En Nueva York, los musicales de Broadway deleitaban a los aficionados al teatro. Muchos musicales ofrecían entretenimiento ligero, mientras que otros trataban de las actuales dificultades a través de canciones tales como "Brother, Can You Spare a Dime?". La radio ayudó a difundir estas canciones más allá de la ciudad, conectando a las personas de todo el país y creando éxitos nacionales.

Vuelve a leer los párrafos 1 y 2. **Encierra en un círculo** los ejemplos de música que conmovían a las personas.

COLABORA

Comenta con un compañero los diferentes géneros músicales que describe el autor. **Subraya** en el párrafo 3 una oración que describa otro tipo de representación artística que conmovía a las personas.

¿Por qué "El *swing*" es un buen encabezado para esta sección? Evalúa la información y cita evidencias del texto para respaldar tu respuesta.

____

____

____

____

Releer

LECTURA COMPLEMENTARIA

¿Cuál es el propósito del autor al escribir este texto?

COLABORA

Coméntalo Vuelve a leer los fragmentos de las páginas 50 y 51. Comenta con un compañero lo que el autor quiere que sepas acerca de la música durante la Gran Depresión.

Cita evidencias ¿Qué palabras y oraciones del texto puedes utilizar para entender por qué escribió el autor esta selección? Completa el organizador gráfico con evidencias del texto.

Evidencias	Propósito del autor

Acuérdate

Cuando vuelvas a leer, presta atención a los detalles que da el autor. Al analizar estos detalles, puedes saber si el propósito del autor es entretener, informar o persuadir al lector.

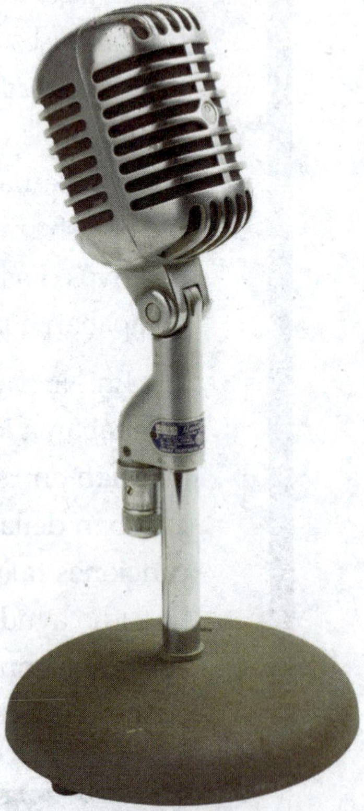

Escribe El propósito del autor al escribir esta lectura fue ______________________

____

____

____

Tetra Images/Alamy Stock Photo

Estructura del texto

Al comparar y contrastar, los autores muestran cómo las ideas pueden ser similares o diferentes mientras sustentan una idea central. Los autores utilizan palabras conectoras tales como *sin embargo, mientras, así como.*

BUSCAR EVIDENCIAS

En el párrafo 3 de la página 51, el autor compara y contrasta la forma como los musicales de Broadway les ayudaron a las personas en tiempos difíciles. La palabra *mientras* es una clave de que algo se está comparando.

> En Nueva York, los musicales de Broadway deleitaban a los aficionados al teatro. Muchos musicales ofrecían entretenimiento ligero, mientras que otros trataban de las actuales dificultades a través de canciones tales como "Brother, Can You Spare a Dime?".

COLABORA

Tu turno Vuelve a leer los párrafos 1 y 2 de la página 50.

- ¿Qué compara y contrasta el autor? ______________________________

____

____

____

- ¿Cuál es la idea central de estos párrafos? ______________________________

____

____

De lectores a escritores

Al escribir un texto informativo, debes incluir una idea central, o principal. Debes sustentar tu idea central con evidencia, como datos. Antes de escribir, debes decidir qué estructura del texto vas a emplear para presentar la evidencia. Por ejemplo, puedes emplear una estructura de causa y efecto, comparar y contrastar o problema y solución.

Integrar **HACER CONEXIONES**

Conexiones del texto

¿Cómo demuestran esta fotografía y la selección "Impresiones musicales de la Gran Depresión" los efectos que la música puede tener en las personas?

Acuérdate

Observa la fotografía. Fíjate en los detalles claves que ves y en las ideas del texto para hablar de cómo la música influye en las personas.

COLABORA

Coméntalo Observa la fotografía y lee la leyenda. Comenta con un compañero lo que está sucediendo en ella y los sentimientos que inspira.

Cita evidencias Observa la fotografía. **Encierra en un círculo** los detalles que te permiten tener una idea de cómo se sienten las personas. **Encierra en un cuadrado** el enfoque principal de la fotografía.

Escribe Por medio de la fotografía y la selección

se muestra ______________________________

Ella Fitzgerald, Dizzy Gillespie, Ray Brown, Milt Jackson y Timme Rosenkratz en el club Downbeat de Nueva York, en 1947.

ESTUDIOS SOCIALES

Presenta tu trabajo

COLABORA

Comenta con un compañero la forma como presentarás tu *collage* sobre la Gran Depresión. Por ejemplo, analizar fotos como la que se ve abajo, que muestra chabolas en un parque. Consulta el cuadro de comprobar la presentación a medida que practicas. Completa las siguientes oraciones.

Lo que aprendí de la Gran Depresión me permite entender ______________________

____

____

Quisiera saber más acerca de ______________________________

____

Acuérdate

Planifica cómo presentarás y describirás tu *collage*. Presenta el tema y explica brevemente cómo hiciste el *collage*. Luego, señala algunas partes y explica lo que representan.

Comprobar la presentación

- [ ] Planea con tu compañero o grupo la forma como se dividirán la presentación.
- [ ] Cada estudiante debe practicar su parte.
- [ ] Emplea una manera apropiada de comunicar la información.
- [ ] Habla lentamente, con claridad y con un tono adecuado.
- [ ] Haz contacto visual.
- [ ] Escucha las preguntas del público y respóndelas.

Coméntalo

Pregunta esencial

¿Cómo afectan los acontecimientos naturales y las actividades humanas al medioambiente?

COLABORA

Estamos rodeados de muchas especies de plantas y animales que no son nativas del área donde viven. Observa la fotografía. En esta se muestra un apicultor. La apicultura es una actividad que no solo se desarrolla en áreas rurales. Este apicultor cuida abejas melíferas en una ciudad. Las abejas pueden desarrollarse en este entorno inusual y producir miel.

Comenta con un compañero las actividades que inciden en el medioambiente. Escribe en la red de palabras cómo inciden algunas actividades naturales y humanas en el medioambiente.

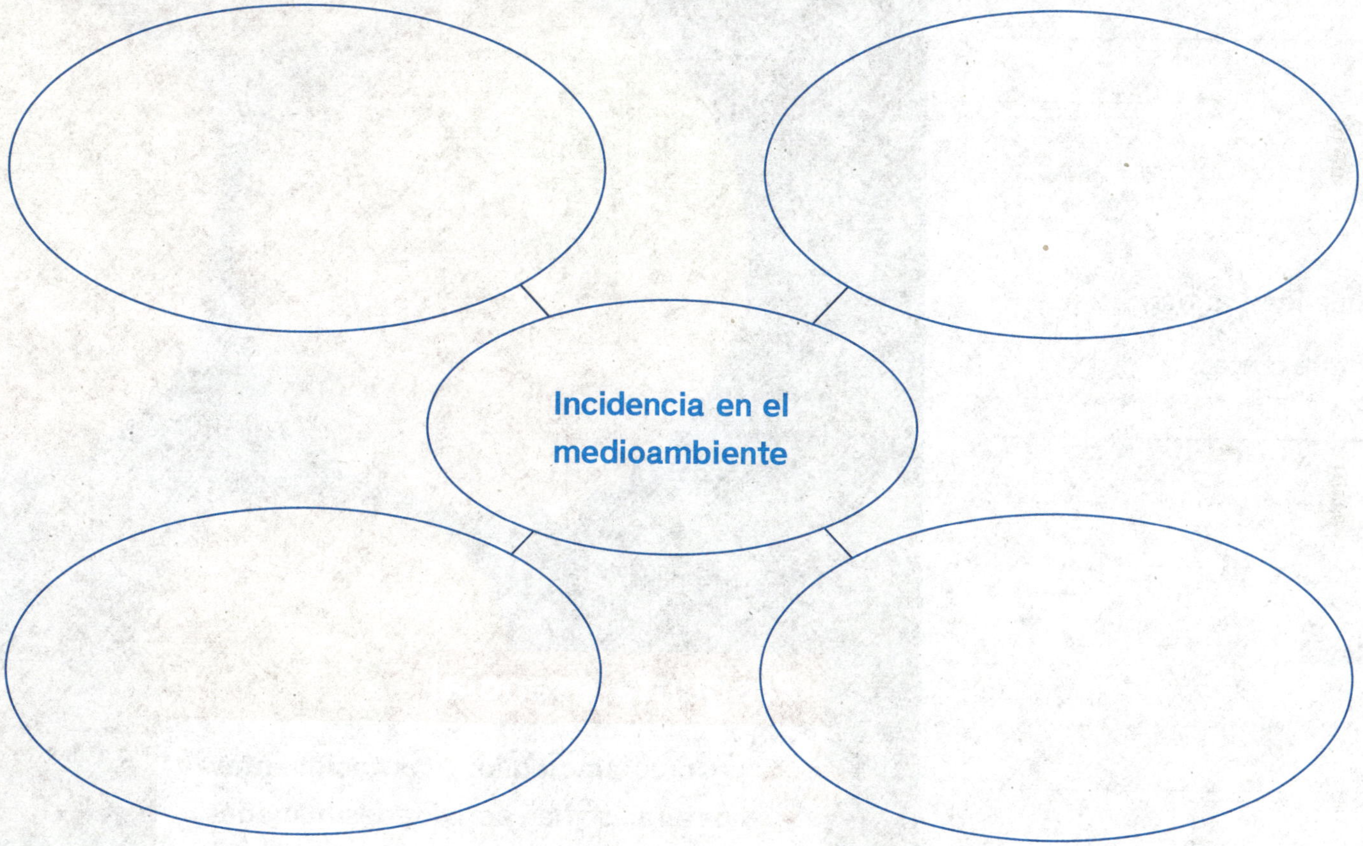

Ve a **my.mheducation.com** y lee el *Blast* "Nuestras huellas". Piensa en cómo las actividades humanas han incidido en el mundo natural. Luego, comenta tus respuestas al *Blast*.

Adrian Dennis/AFP/Getty Images

LECTURA COMPARTIDA

TOMA NOTAS

Antes de empezar a leer, da un vistazo preliminar al título y a los subtítulos. Luego, haz una predicción sobre lo que crees que aprenderás. Escribe tu predicción abajo.

____

____

____

____

A medida que lees, anota:

Palabras interesantes: ____________

____

____

____

Detalles clave: ________________

____

____

____

____

____

____

TIME FOR KIDS®

Pregunta esencial

¿Cómo afectan los acontecimientos naturales y las actividades humanas al medioambiente?

Lee dos puntos de vista diferentes sobre la llegada de nuevas especies a Estados Unidos.

Es difícil imaginar la vida sin naranjas ni pollos, pero estos son ejemplos de especies no nativas.

¿Deben vivir aquí plantas y animales de otros lugares?

Bienvenida a los recién llegados

Las especies no nativas son buenas para la economía, ¡y además saben bien!

Algunas especies de plantas y animales de los Estados Unidos no son especies nativas. Estas especies no nativas llegan de otras regiones o países. Cuando perjudican al medioambiente, nuestra salud o la economía, se les conoce como invasoras. Las especies invasoras se han **extendido** ampliamente y anegan la vida silvestre nativa. La población de algunas especies nativas ha **disminuido** debido a unas pocas recién llegadas, pero no todo es negativo. Algunas de ellas nos benefician.

En Florida, por ejemplo, cerca de 2,000 especies de plantas y animales comunes no son nativas. Entre ellas tenemos naranjas, pollos y caña de azúcar. De hecho, el 90% de las ventas de las granjas se puede relacionar directamente con especies no nativas.

Las especies no nativas atraen insectos y otras plagas que dañan los cultivos. Algunos científicos **identifican** el enemigo natural de las plagas y traen especies no nativas, como insectos, para eliminarlas. Eliminar las plagas es algo bueno, y lo mejor es que se reduce el uso de pesticidas. Se trajeron escarabajos vedalia de Australia para que se alimentaran de insectos que dañaban los cítricos. Estos cumplen su misión sin ningún efecto secundario. También ayudan a los agricultores a mantener sus negocios.

Aunque no todas las recién llegadas son útiles, muchas de ellas son justo lo que necesitamos. Muchos de los perros y gatos que amamos son originarios de otras partes del mundo. ¿Quisieras prohibir los perros labradores o los gatos siameses? Criaturas como estas hacen que nuestra vida y nuestro país sean mejores.

TEXTO ARGUMENTATIVO

BUSCAR EVIDENCIAS

Leer

Párrafos 1-2

Punto de vista del autor

Escribe el punto de vista del autor.

____

____

Subraya los detalles que sustentan este punto de vista.

Párrafos 3-4

Hacer y responder preguntas

Escribe una pregunta que te permita comprobar que comprendes el plan para controlar insectos y plagas. **Encierra en un círculo** la respuesta.

____

____

____

Releer

Técnica del autor

¿Por qué menciona el autor las especies no nativas útiles y las no nativas invasoras?

LECTURA COMPARTIDA

BUSCAR EVIDENCIAS

Párrafos 1-4

Punto de vista del autor

Escribe el punto de vista del autor.

____

____

____

Subraya ejemplos que da el autor para sustentar su punto de vista.

Párrafo 5

Raíces latinas

Según la raíz latina *conclusio,* que viene del verbo *claudere* (cerrar), ¿qué significa la palabra *conclusión*?

____

____

____

Releer

Técnica del autor

¿Qué recursos emplea el autor para que entiendas cómo llegaron las especies invasoras a este país?

TIME FOR KIDS®

CONTRAPOSICIÓN POSICIÓN

Un problema creciente

Miles de especies extranjeras de plantas y animales amenazan a nuestro país.

Los visitantes de los Everglades de Florida esperan ver caimanes, no serpientes pitones. Estas culebras inmensas son nativas del sudeste asiático. Cerca de 150,000 de estos reptiles recorren los Everglades. La razón más **probable** por la cual llegaron allí es que sus dueños las soltaron en la naturaleza. Ahora, las serpientes pitones son un peligro generalizado que amenaza con reducir la población de especies nativas en peligro de extinción.

Algunas especies no nativas son útiles, pero otras son perjudiciales. A Estados Unidos le cuesta 120,000 millones de dólares cada año reparar el daño o **desorden** que causan al medioambiente. El problema ocurre cuando las especies no nativas se vuelven invasoras. Estas son una molestia en casi todo el país. Por ejemplo, la carpa asiática, que se introdujo involuntariamente en Estados Unidos, ha **prosperado** en el río Misisipi y ahora amenaza el ecosistema de los Grandes Lagos. Por su gran apetito, la población de peces nativos ha disminuido.

Algunos gérmenes también son especies invasoras, y son muy perjudiciales para los humanos. Por ejemplo, aves que llegaron a Estados Unidos trajeron el virus de la gripe aviaria. Este microbio causa un grave trastorno pulmonar en las personas infectadas.

Algunos expertos **agrícolas** han introducido especies no nativas para mejorar el medioambiente. Pero esto puede crear problemas **inesperados.** Hace cien años, trajeron a Florida árboles melaleuca de Australia para estabilizar áreas pantanosas. Ahora, millones de estos árboles cubren la tierra, lo que ha desplazado plantas nativas y perjudicado plantas y animales en peligro de extinción.

Los hechos sobre esta invasión extranjera llevaron a una conclusión: debemos retirar las especies invasoras y mantener las nuevas alejadas de nuestras costas.

Especies no nativas: beneficios y costos

A lo largo de los años, alrededor de 50,000 especies no nativas han entrado a Estados Unidos. Estos cuatro ejemplos describen los impactos positivos y negativos que pueden tener.

ESPECIES	LUGAR DE ORIGEN	CUÁNDO Y CÓMO SE INTRODUJO A ESTADOS UNIDOS	IMPACTO POSITIVO	IMPACTO NEGATIVO
 Caballo	Europa	comienzos del siglo XVI, a propósito	Usado para trabajo, transporte y recreación.	Hizo posible las guerras a gran escala.
 Kudzu	Asia	comienzos del siglo XIX, a propósito	Detiene la erosión del suelo.	Desplaza plantas nativas.
 Olivos	Medio Oriente y Europa	comienzos del siglo XVIII, a propósito; cultivo comienza en el siglo XIX.	Es fuente importante de alimento y aceite de cocina y una gran industria en California	Consumen gran parte del suministro de agua limitado en California
 Mosca mediterránea de la fruta	África subsahariana	1929 (primer registro), por accidente	Es fuente de alimento para criaturas como las arañas.	Destruye 400 especies de plantas, incluidos cultivos de cítricos y hortalizas.

Esta comunidad intenta controlar la planta de melaleuca que ha invadido este pantano.

Resumir

Resume el tema y los puntos de vista opuestos que se presentaron en esta selección. Utiliza tus notas.

Comenta si la predicción que hiciste en la página 58 era correcta.

(t to b) Ingram Publishing; Matt Meadows/Photolibrary/Getty Images; Emilio Simion/Photodisc/Getty Images; Photo by Jack Dykinga/USDA

TEXTO ARGUMENTATIVO

BUSCAR EVIDENCIAS

Leer

Tablas y títulos

Observa la tabla. ¿Qué especie crees que tuvo un mayor impacto en la gente que en el medioambiente? Explica tu respuesta.

Releer

Técnica del autor

¿Por qué incluyó el autor esta tabla para finalizar la selección?

Vocabulario

A partir de las oraciones que se dan como ejemplo, comenta con un compañero lo que significa cada palabra. Luego, responde las preguntas.

agrícola

Sam y Gina venden manzanas y otros productos **agrícolas**.

¿Cómo influyen los productos agrícolas en tu vida?

____

____

desorden

Una guerra puede ocasionar un **desorden** económico en un país.

¿Qué pasa si haces tus tareas escolares en desorden?

____

____

Tu lista de palabras Elige una palabra que te parezca interesante de la selección que leíste. Busca sinónimos y antónimos de la palabra en un diccionario impreso o en línea y escríbelos en tu cuaderno de escritura.

disminuir

La cosecha de papa **disminuye** en el verano si hay sequía.

¿Qué pasaría si las ganancias de un restaurante disminuyeran?

____

____

extendido

El estornino es una especie de ave de Gran Bretaña que actualmente se ha **extendido** por Estados Unidos.

¿Cuál sería un ejemplo de una moda que se haya extendido?

____

____

identificar

La gente puede **identificar** a mi perro por sus orejas largas.

¿Cómo podrías identificar a tu mejor amiga en una multitud?

____

____

inesperado

Apalear nieve era un trabajo muy difícil, pero se facilitó con la **inesperada** ayuda de los vecinos.

¿Qué suceso inesperado podría hacerte cambiar de planes?

____

____

probable

La causa **probable** de esa ventana rota es el golpe de un balón.

¿Cuál es el clima más probable en tu ciudad durante el invierno?

____

____

prosperar

Muchos negocios lograron **prosperar** el año pasado.

¿Cómo puedes ayudar a que el nuevo negocio de un amigo prospere?

____

____

Raíces de palabras

La **raíz** de una palabra es la parte básica que le da su significado principal. Saber el significado de una raíz es una clave para reconocer y entender muchas palabras que comparten esa raíz.

BUSCAR EVIDENCIAS

En el primer párrafo de "Bienvenida a los recién llegados" en la página 59, leo la palabra invasoras. *Tiene la misma raíz que* invadir: vas *y* vad *provienen de una palabra latina que significa "ir". Algo invasor entra en áreas más allá de sus límites.*

Estas especies se conocen como invasoras cuando perjudican el medioambiente, nuestra salud o la economía.

Tu turno Lee las raíces de abajo y descifra el significado de las siguientes palabras tomadas de "Bienvenida a los recién llegados" y "Un problema creciente". Haz una lista de otras palabras que sepas que contienen esas raíces.

Raíces: *nativus* = haber nacido *avis* = ave

no nativa, página 59 ______________________________

aviaria, página 60 ______________________________

Releer | LECTURA COMPARTIDA

Hacer y responder preguntas

Para comprobar que comprendes un texto argumentativo, haz una pausa en diferentes puntos y hazte preguntas de lo que has leído hasta el momento. Luego, busca las respuestas. También puedes hacerte preguntas relacionadas con todo el texto al final de la lectura para entenderlo mejor.

Acuérdate

Algunas preguntas que te puedes hacer son:

- *¿Por qué estoy leyendo este texto?*
- *¿Qué detalles importantes se incluyen?*
- *¿Qué me hace falta aclarar?*
- *¿Qué conexión puedo hacer entre la información del artículo y lo que ya sabía con anterioridad?*

BUSCAR EVIDENCIAS

Después de leer el artículo "Bienvenida a los recién llegados" en la página 59, puedes preguntarte: *¿cuál es la idea principal del artículo?, ¿qué afirma el autor?*

Página 59

> En Florida, por ejemplo, cerca de 2,000 especies de plantas y animales comunes no son nativas. Entre ellas tenemos naranjas, pollos y caña de azúcar. De hecho, el 90% de las ventas de las granjas se puede relacionar directamente con especies no nativas.

Cuando vuelvo a leer, encuentro la respuesta a mi pregunta. La idea principal es que muchas especies en Estados Unidos no son nativas, pero pueden ser muy útiles. Ejemplos como las naranjas y la caña de azúcar sustentan esto.

COLABORA

Tu turno Haz y responde una pregunta de "Un problema creciente" en la página 60. Vuelve a leer el artículo. A medida que lees, aplica la estrategia de hacer y responder preguntas. Escribe abajo tu pregunta y tu respuesta.

Tablas y encabezados

"Bienvenida a los recién llegados" y "Un problema creciente" son textos argumentativos. En un texto argumentativo se intenta persuadir al lector para que apoye una idea o punto de vista. El autor evalúa su argumento por medio hechos que lo sustentan o contradicen. Los textos argumentativos pueden incluir elementos del texto, como **tablas y encabezados**.

BUSCAR EVIDENCIAS

En ambas selecciones se presentan las opiniones de los autores con respecto a las especies no nativas. Se incluyen hechos y evidencias que sustentan sus opiniones. En una tabla con encabezados se comparan los dos puntos de vista.

De lectores a escritores

Cuando los autores escriben para persuadir, deben proporcionar información que sea fácil de leer y entender. Muchos autores incluyen tablas en sus artículos. Las tablas son una buena manera de proporcionar información en un formato sencillo. ¿Cómo utilizarías una tabla en tu texto?

Página 61

Especies no nativas: beneficios y costos

A lo largo de los años, alrededor de 50,000 especies no nativas han entrado a Estados Unidos. Estos cuatro ejemplos describen los impactos positivos y negativos que pueden tener.

ESPECIES	LUGAR DE ORIGEN	CUÁNDO Y CÓMO SE INTRODUJO A ESTADOS UNIDOS	IMPACTO POSITIVO	IMPACTO NEGATIVO
Caballo	Europa	comienzos del siglo XVI, a propósito	Usado para trabajo, transporte y recreación.	Hizo posible las guerras a gran escala.
Kudzu	Asia	comienzos del siglo XIX, a propósito	Detiene la erosión del suelo.	Desplaza plantas nativas.
Olivos	Medio Oriente y Europa	comienzos del siglo XVIII, a propósito; cultivo comienza en el siglo XIX.	Es fuente importante de alimento y aceite de cocina y una gran industria en California	Consumen gran parte del suministro de agua limitado en California
Mosca mediterránea de la fruta	África subsahariana	1929 (primer registro), por accidente	Es fuente de alimento para criaturas como las arañas.	Destruye 400 especies de plantas, incluidos cultivos de cítricos y hortalizas.

Esta comunidad intenta controlar la planta de melaleuca que ha invadido este pantano.

Resumir

Resume el tema y los puntos de vista opuestos que se presentaron en esta selección. Utiliza tus notas.

Comenta si la predicción que hiciste en la página 58 era correcta.

Tabla

En una tabla se organiza información para analizarla.

Encabezados

Los encabezados sirven para identificar las principales categorías de información.

Tu turno Analiza la información de la tabla de la página 61. Identifica una especie que tenga un mayor impacto positivo y una que tenga un mayor impacto negativo. Explica tus conclusiones.

Releer | LECTURA COMPARTIDA

Punto de vista del autor

En un texto argumentativo, el **punto de vista del autor** es su opinión o posición con respecto a un tema. Para identificarlo, revisa la selección de palabras, las razones y la evidencia objetiva que el autor utilizó para explicar el argumento a favor o en contra de una idea.

Acuérdate

Las palabras que describen cosas de una manera positiva o negativa pueden darte claves del punto de vista del autor.

BUSCAR EVIDENCIAS

A partir del título "Un problema creciente" de la página 60, deduzco que el autor podría tener un punto de vista negativo de las especies no nativas. La palabra amenazan *tiene una connotación negativa, y los hechos sobre las serpientes pitones sustentan una opinión negativa.*

Detalles	→	Punto de vista del autor
"Un problema creciente"		El autor se opone a las especies no nativas porque muchas se vuelven invasoras o perjudican a las especies nativas.
"amenazan a nuestro país"		
150,000 serpientes pitones "son un peligro".		
La carpa asiática come peces nativos.		
"ha desplazado plantas nativas"		

COLABORA

Tu turno Identifica detalles importantes en "Bienvenida a los recién llegados" y escríbelos en el organizador gráfico de la página 67. Luego, identifica el punto de vista del autor.

Detalles	Punto de vista del autor

Responder a la lectura

COLABORA

Responde por escrito a la siguiente pregunta. Piensa en cómo está organizada la información en los textos argumentativos que leíste. Consulta tus notas y el organizador gráfico.

¿Piensas que el argumento de un autor es más convincente que el del otro? Explica tu respuesta.

Acuérdate

Completa estas oraciones para analizar el texto y organizar tus ideas.

- *Me parece que este argumento es más convincente porque...*
- *El autor señala que...*
- *El autor da ejemplos de...*

Enlace gramatical

Al escribir tu respuesta, puedes utilizar formas comparativas para hablar de dos argumentos diferentes. Cuando compares dos ideas, emplea palabras como *más... que, tan... como* y *menos... que.* Para comparar más de dos ideas, puedes utilizar los artículos *el/la/los/las* y los adverbios *más* y *menos.*

Integrar **BÚSQUEDA E INVESTIGACIÓN**

Un plan de investigación

Desarrollar un **plan de investigación** para un proyecto te ayudará a enfocarte en buscar la información que necesitas. El tipo de investigación dependerá de cómo quieres que sea tu producto final. Estas son algunas preguntas que deberías hacerte a medida que creas tu plan de investigación:

- ¿Cuál es el tema de mi proyecto?
- ¿Dónde puedo buscar información?
- ¿Cómo voy a presentar la información? ¿En un cartel, una representación, un informe escrito, un blog o algún otro formato?
- ¿Debería incluir fotos, videos o grabaciones de audio para presentar la información?

¿Qué otro tipo de información podrías presentar? ______________________

____

COLABORA

Simula un informe en un blog Con un compañero o en grupo, crea un informe en un blog para presentar una especie no nativa. Incluyan una predicción de su efecto en el ecosistema. Decidan cómo presentarán la información. Respondan las siguientes preguntas como guía:

- ¿Cuál es el aspecto de la especie animal o vegetal? ¿Será mejor incluir una fotografía o un video?
- ¿Van a incluir sonidos u otro tipo de grabaciones?
- ¿Incluirán enlaces a otros sitios web?

Analicen la forma más eficaz de presentar la información. Cuando terminen el informe, preséntenlo a la clase.

Los estorninos son aves invasoras que vuelan en bandadas enormes. Para alimentarse, roban la comida de otros animales.

Además de fotografías, ¿qué ayudas visuales o sonoras podrías incluir en un blog sobre los estorninos invasores?

____

____

____

____

____

____

Szczepan Klejbuk/Shutterstock.com

Releer | TEXTO PRINCIPAL

Antología de literatura, páginas 390-393

El caso de las abejas desaparecidas

¿Por qué comienza el autor la selección con una pregunta?

COLABORA

Coméntalo Vuelve a leer el primer párrafo de la página 391 en la **Antología de literatura**. Comenta con un compañero qué entendiste acerca de las abejas después de leer la pregunta.

Cita evidencias ¿Cómo organiza el autor la información del primer párrafo? Completa la tabla con evidencias del texto.

Claves

↓

Propósito del autor

Escribe El autor comienza el artículo con una pregunta para ______________________

____

____

____

Hacer inferencias

Vuelve a leer la pregunta al comienzo del párrafo. ¿Puedes responderla? ¿Es interesante el tema de la pregunta? Según tus respuestas, ¿por qué crees que el autor comenzó el texto con una pregunta?

¿De qué manera la información de los encabezados te permite entender el punto de vista del autor con respecto a los pesticidas?

COLABORA

Coméntalo Observa los encabezados de las páginas 392 y 393 de la **Antología de literatura.** Comenta con un compañero cómo el autor expresa por medio de los encabezados lo que piensa acerca de los pesticidas.

Cita evidencias ¿Qué palabras y frases utiliza el autor para justificar los encabezados? Escribe evidencias del texto y explica cómo sustentan el punto de vista del autor.

Un sospechoso inusual	¿Debemos culpar a los pesticidas?	Punto de vista del autor

Escribe El autor emplea los subtítulos para ______________________

____

____

____

Acuérdate

Los títulos en una tabla indican las principales categorías de información. A medida que lees, piensa en cómo los subtítulos del artículo tienen el mismo propósito.

Responder a la lectura

COLABORA

Responde por escrito a la siguiente pregunta. Vuelve a leer los artículos si es necesario. Consulta tus notas y el organizador gráfico.

Piensa en cómo está organizada la información en cada texto argumentativo. ¿Qué autor tiene un estilo más convincente? ¿Por qué?

Acuérdate

Completa estas oraciones para comentar y citar evidencias del texto.

- *El autor de "El germen de una idea" piensa que...*
- *El autor de "Culpa de los pesticidas" cree que...*
- *La forma como los autores organizan la información me ayuda a ver que...*

Mis lecturas

Elige un texto y anota en tu cuaderno de escritura el título, el autor y el género del libro. Asegúrate de incluir en tu cuaderno de escritura tu respuesta personal al texto.

Don Farrall/Digital Vision/Getty Images

Releer **LECTURA COMPLEMENTARIA**

Las ocupadas y beneficiosas abejas

Antología de literatura, páginas 394–395

1 En Estados Unidos, las abejas polinizan cultivos de un valor de alrededor de 15,000 millones de dólares al año. Eso está por encima de los 150 millones de dólares que producen en miel anualmente. Aunque otros insectos que se alimentan de néctar pueden polinizar algunos cultivos, muchos dependen específicamente de las abejas para la polinización. Sin abejas, nuestros cultivos y nuestra economía se verían afectados.

Los cultivos dependen de las abejas

Muchos cultivos dependen de insectos para su polinización. En algunos, las abejas componen un alto porcentaje de ellos.

Cultivo	Dependencia de la polinización por insectos	Proporción de abejas
Alfalfa, heno y semilla	100%	60%
Manzanas	100%	90%
Almendras	100%	100%
Cítricos	20-80%	10-90%
Algodón	20%	90%
Soya	10%	50%
Brócoli	100%	90%
Zanahorias	100%	90%
Melón	80%	90%

Cifras aproximadas. Fuente: Servicio de Investigación Congresonal, basado en *The Value of Honey Bees as Pollinators of U.S.Crops in 2000,* de R.A. Morse y N.W. Calderone, marzo de 2000, Universidad de Cornell.

Vuelve a leer el párrafo 1. **Subraya** lo que piensa el autor de las abejas. Escríbelo aquí:

____

____

____

____

COLABORA

Vuelve a leer la sección "Los cultivos dependen de las abejas". Comenta con un compañero por qué incluye el autor la tabla en la selección. **Encierra en un círculo** evidencias del texto para sustentar tus comentarios.

Haz marcas en los márgenes de la tabla junto a los cuatro cultivos principales que dependen de la polinización de las abejas y otros insectos.

Releer | # LECTURA COMPLEMENTARIA

¿De qué manera la tabla que incluye el autor te sirve para comprender la importancia de las abejas?

COLABORA

Coméntalo Vuelve a leer la tabla de la página 73. Comenta con un compañero cómo el autor sustenta su punto de vista con respecto a las abejas por medio de la tabla.

Cita evidencias ¿Qué información de la tabla le permite al autor sustentar su punto de vista con respecto a las abejas? Escribe las evidencias del texto en la tabla.

Evidencias	Propósito del autor

Escribe Comprendo por qué las abejas son tan importantes, puesto que el autor pone una tabla para ______________________

____

____

____

Acuérdate

Al leer la tabla, mira primero los títulos de cada columna. Luego, lee la información de cada fila mientras comparas las columnas.

Selección de palabras

Los **juegos de palabras** son palabras o frases que se emplean de forma divertida para sugerir un significado diferente a su significado literal. Los autores suelen hacer juegos de palabras para bromear y hacer reír a los lectores. Los juegos de palabras pueden contener un mensaje.

BUSCAR EVIDENCIAS

En "Las ocupadas y beneficiosas abejas", el autor termina el párrafo con un juego de palabras.

> Para los agricultores, es una dicha tener mucha cosecha.

COLABORA

Tu turno Vuelve a leer el párrafo 1 de la página 73.

- ¿Cuál es la idea principal del párrafo?
- A partir de la idea principal y lo que sabes de las abejas, ¿qué significa el juego de palabras?

De lectores a escritores

Si quieres incluir juegos de palabras en tu texto, busca ideas en libros o en internet. También puedes escribirlos tú mismo. Debes ser cuidadoso al elegir los juegos de palabras. Asegúrate de que los lectores entiendan el mensaje que quieres transmitir.

Intenta escribir un juego de palabras.

Conexiones del texto

¿Cómo la voz poética del poema y los autores de las selecciones de esta semana te ayudan a entender su punto de vista sobre la relación entre humanos y animales?

COLABORA

Coméntalo Lee el poema. Comenta con un compañero el mensaje del poema y los posibles destinatarios.

Cita evidencias **Encierra en un círculo** las palabras y oraciones en las que la voz poética les pide a los niños que no hagan ciertas cosas. **Subraya** el texto en el que se explica cómo reaccionarán los animales a la bondad. Piensa en la relación que hay entre este punto de vista y el de los autores de las selecciones que leíste esta semana.

Escribe Comprendo lo que la voz poética y los autores piensan de la interacción entre humanos y animales porque

____

____

____

____

____

____

____

____

Acuérdate

Al leer el poema, imagina el ambiente y a cada animal haciendo lo que se describe. Esto te ayudará a sentir y comprender el punto de vista de la voz poética.

La amabilidad con los animales

Niños pequeños, nunca causen
dolor a las cosas que sienten y viven:

Dejen que el gentil petirrojo venga
por las migajas que guardan en sus hogares,

mientras su carne ustedes desperdician
él les pagará con sus cancioncitas;
nunca hieran a la tímida liebre
espiando desde su verde madriguera,
dejen que venga a correr y a entretener
sobre el pasto al atardecer.

—Anónimo

Precisión y ritmo

Leer con precisión un texto en voz alta significa leer las palabras y números tal como aparecen y pronunciarlos correctamente. Puedes disminuir tu ritmo de lectura para que las palabras se escuchen con más claridad.

Página 59

En Florida, por ejemplo, cerca de 2,000 especies de plantas y animales comunes son no nativas. Esto incluye naranjas, pollos y caña de azúcar. De hecho, el 90% de las ventas de las granjas se puede relacionar directamente con especies no nativas.

Piensa en la división silábica de la palabra y en cómo pronunciar cada sílaba.

Piensa cómo leer el número.

Acuérdate

Antes de leer en voz alta, observa el texto. Mira qué tipo de texto es, y así podrás planificar tu ritmo. Podrías leer la información científica un poco más lentamente para darte el tiempo de leer con precisión las palabras difíciles.

COLABORA

Tu turno Vuelve a la página 60. Túrnate con un compañero para leer el segundo párrafo de "Un problema creciente". Piensa en cómo leer palabras con múltiples sílabas y términos científicos. Planifica tu ritmo de lectura para que puedas leer con precisión.

Luego, piensa en cómo lo hiciste. Completa estas oraciones.

Recordé ______________________________

____

La próxima vez ______________________________

____

ESCRITURA

Texto modelo

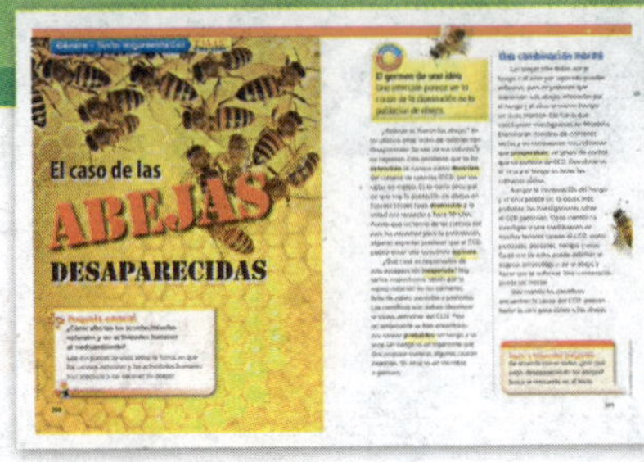

Antología de literatura, páginas 390–393

Características del ensayo de opinión

Un ensayo de opinión es un tipo de texto argumentativo. En los ensayos de opinión se intenta persuadir al lector de aprobar la opinión del autor. En un ensayo de opinión:

- se presenta una opinión clara en la introducción;
- se incluyen razones, datos, detalles y evidencias para sustentar la opinión del autor;
- se presenta un buen final para convencer al público de la opinión del autor.

Analiza un texto modelo Estudiar textos argumentativos te servirá para aprender a planificar y escribir una opinión. **Vuelve a leer** "El germen de una idea" en la página 391 de la **Antología de literatura.** Escribe tus respuestas a las siguientes preguntas:

¿Cuál es la opinión del autor respecto a la disminución de la población de abejas? ______________________________

____

¿Cuáles son algunos datos y detalles con los que el autor sustenta su opinión?

____

____

____

Planificar: Elige un tema

COLABORA

Lluvia de ideas Con un compañero o en grupo, haz una lista de especies en peligro de extinción. Si no sabes qué especies están en peligro de extinción o necesitas más ideas, investiga rápidamente el tema en línea o en libros. Escribe tu lista abajo.

____

____

____

Acuérdate

Al elegir el tema de tu ensayo, piensa en una planta o animal que te interese. Si piensas que tu tema es interesante, escribirás un texto más atractivo y tus lectores se interesarán.

Instrucción de escritura Elige una especie de tu lista. Escribe un ensayo de opinión sobre las razones por las que esta especie debería ser protegida y la forma como podríamos protegerla. Incluye información de por qué está en peligro.

Escribiré sobre: ____

____

Propósito y público Piensa en quién leerá o escuchará tu ensayo. ¿Tu propósito es informar, persuadir o entretener? ¿Tienes más de un propósito? Luego, piensa en cómo vas a sustentar el propósito de tu ensayo.

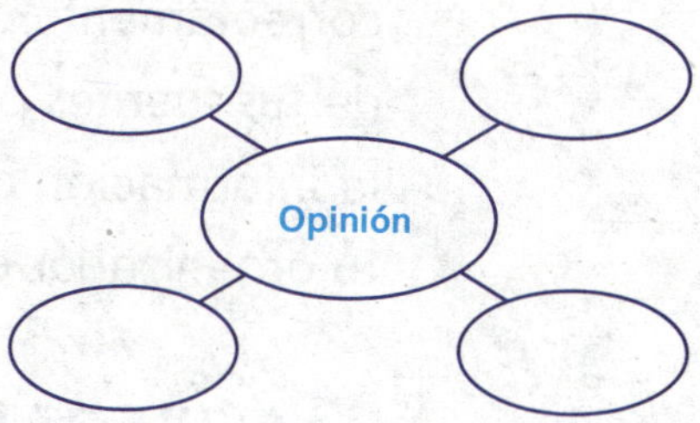

Mi público ____.

Emplearé ____________________ para sustentar el propósito de mi ensayo.

Planifica En tu cuaderno de escritura, haz una red de opinión y detalles para planificar tu texto. Completa el recuadro de opinión.

Planificar: sustentar la opinión

Busca información de apoyo Luego de definir tu opinión, tendrás que encontrar datos que la sustenten. Para eso, tendrás que investigar sobre tu tema. Asegúrate de elegir fuentes fiables, como libros, publicaciones y sitios web de confianza. A medida que lees tus fuentes, piensa en estas preguntas:

- ¿Es esta información relevante?
- ¿Contiene datos, ejemplos y detalles que sustentan mi opinión?
- ¿Es una fuente confiable y actualizada?

Enumera dos fuentes de información para tu ensayo:

1. ______________________________
2. ______________________________

Toma notas A medida que investigas, toma notas. Asegúrate de copiar correctamente cualquier cita textual que planees utilizar. Lleva un registro de tus fuentes para cuando tengas que citarlas. Revisa tus notas, elige la información que sustenta mejor tu opinión y utilízala para completar tu organizador gráfico.

Recursos digitales

Para obtener más información sobre cómo tomar notas, entra en **my.mheducation.com** y mira el tutorial "Solo los hechos: Cómo tomar notas".

JGI/Tom Grill/Getty Images

Hacer un borrador

Buen final Un ensayo de opinión debe tener un buen final. El objetivo es que el lector coincida con la opinión y siga pensando en el tema después de leer. En el ejemplo de abajo de "¿Cuál es el futuro de los bosques tropicales?", el autor finaliza con una afirmación convincente que muestra una opinión clara de los bosques tropicales de y lo que se debe hacer para preservarlos.

> Las naciones deben ver más allá de sus necesidades locales. Deben adoptar una perspectiva global. Necesitamos preservar los bosques tropicales para el beneficio de todos.

Ahora es tu turno. Utiliza el fragmento de arriba como modelo para escribir un final que podrías utilizar en tu ensayo.

____

____

____

____

____

Haz un borrador Escribe un borrador en tu cuaderno de escritura. Utiliza tu organizador gráfico. Asegúrate de incluir tu opinión y detalles para sustentarla. Al terminar, piensa si necesitas agregar o cambiar algo del final que escribiste arriba.

gramatiNOTAS

Observa que en el final de "¿Cuál es el futuro de los bosques tropicales?" se incluyen palabras expresivas como *deben* y *necesitamos*. Este tipo de palabras comunican claramente la opinión del autor.

Revisar

Estructura de las oraciones Los escritores se aseguran de que las estructuras de sus oraciones sean correctas y comuniquen las ideas con claridad. En ocasiones, combinar oraciones puede hacer que tus ideas sean más claras y coherentes.

Este es un ejemplo: *El perro es grande. El perro es blanco.* Estas dos oraciones describen al mismo perro, así que se pueden combinar para escribir una sola oración. *El perro es grande y blanco.* Esto aclara que el escritor está hablando de un solo perro.

Lee las siguientes oraciones. Revísalas para combinar las ideas.

Estas especies no nativas llegan de otras regiones o países.
Estas especies se conocen como invasoras cuando perjudican
al medioambiente, nuestra salud o la economía.

Acuérdate

Lee tus oraciones en voz alta. ¿Tienen sentido? ¿Las ideas que expresan son fáciles de seguir? Si no es así, puede que necesites reorganizarlas y combinar las ideas.

Revisión Revisa tu borrador. Comprueba que las oraciones sean claras. Si es necesario, combina y reorganiza las ideas para que sean más claras y coherentes. De este modo, tu texto será más agradable de leer.

Christopher Futcher/Getty Images

Charlas entre compañeros

COLABORA

Revisión del borrador Escucha con atención mientras tu compañero lee su trabajo en voz alta. Comenta lo que te gustó. Haz preguntas que ayuden a tu compañero a reflexionar sobre lo que escribió. Haz sugerencias para mejorar el texto. Completa estas oraciones:

Me gustó esta parte de tu borrador porque...

Podrías sustentar más la idea de...

Tengo una pregunta sobre...

Pensé que la conclusión era...

Sugerencias de compañeros Cuando tu compañero haya comentado tu borrador, escribe una de las sugerencias que aplicarás. Consulta las pautas de evaluación de la página 85.

A partir de las sugerencias de mi compañero, ______________________

____

____

____

Luego de la charla entre compañeros, reflexionen. ¿Resultó útil el intercambio? ¿Qué podrían hacer distinto la próxima vez?

Revisión Al revisar tu borrador, consulta las sugerencias de comprobar la revisión para determinar qué partes del texto debes mejorar. Consulta las pautas de evaluación en la página 85.

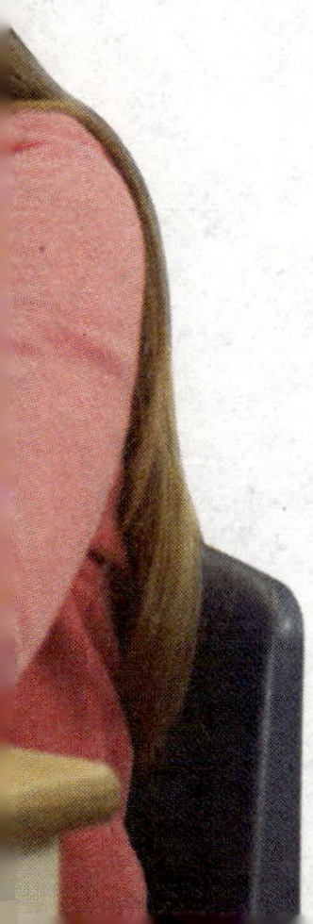

Comprobar la revisión

- [ ] ¿Se adecua mi texto a mi propósito y público?
- [ ] ¿Presenté una opinión clara?
- [ ] ¿Qué detalles puedo agregar para sustentar mi opinión?
- [ ] ¿Mis oraciones son claras y fáciles de leer? ¿Debería añadir, borrar o reorganizar algunas palabras o ideas?
- [ ] ¿Escribí un buen final que reitera mi opinión?

Corregir

Al **corregir** tu texto, tienes que buscar errores de ortografía, de puntuación, de uso de mayúsculas y de otros aspectos gramaticales. Si lees un borrador varias veces, estarás seguro de no pasar por alto ningún error. Fíjate en las sugerencias de Comprobar la corrección.

Enlace gramatical

Al corregir tu ensayo de opinión, asegúrate de que haya concordancia entre los sujetos y los verbos. Por ejemplo:
Las abejas vuelan.
La abeja vuela.

Comprobar la corrección

- ☐ ¿Comienzan todas las oraciones con mayúscula y tienen los signos de puntuación adecuados?
- ☐ ¿Hay oraciones interrumpidas o fragmentos de oración?
- ☐ ¿Están conjugados correctamente los verbos?
- ☐ ¿Comienzan con mayúsculas los sustantivos propios?
- ☐ ¿Se utilizan correctamente las formas comparativas y superlativas de los adjetivos?
- ☐ ¿Están todas las palabras escritas correctamente?

Escribe dos errores que hayas encontrado al corregir tu texto.

1. ______________________________

____

2. ______________________________

____

Publicar, presentar y evaluar

Publicación Al **publicar** tu texto, muestra una copia limpia, clara y sin errores. Si agregas elementos visuales, tu texto resultará más interesante. Considera incluir ilustraciones, fotografías o mapas que hagan tu ensayo más atractivo.

Presentación Cuando estés listo para **presentar** tu trabajo, ensaya tu presentación. Como guía, lee las pautas de Comprobar la presentación.

Evaluación Después de publicar tu texto, lee las pautas de evaluación que se muestran abajo para **evaluar** tu texto.

¿Qué aspectos son satisfactorios? ______________________________

¿Qué partes requieren más trabajo? ______________________________

____

Comprobar la presentación

- ☐ Mira al público.
- ☐ Habla lentamente, con claridad y a un volumen lo suficientemente alto como para que todos te escuchen.
- ☐ Muéstrale al público todas las ayudas visuales que tengas.
- ☐ Responde las preguntas a conciencia con detalles de tu tema.

4	3	2	1
• La opinión es clara y se presenta de manera interesante. • El texto tiene suficiente información de apoyo, como razones, datos, detalles y evidencias. • El final es bueno y se relaciona con la opinión.	• El texto presenta una opinión sobre el tema. • El texto tiene algo de información de apoyo como razones, hechos, detalles y evidencias. • El final se relaciona con la opinión.	• La opinión sobre el tema no es muy clara. • El texto incluye algunos datos, razones, detalles y evidencias. • El final no se relaciona específicamente con la opinión.	• La opinión y el tema no son claros. • El texto no presenta información de apoyo, como razones, hechos, detalles o evidencias. • El texto no tiene un final.

LO QUE APRENDISTE

Repaso en espiral

En la Unidad 5 has estudiado destrezas y estrategias que te permitirán convertirte en un lector más crítico. Ahora es momento de poner en práctica lo que aprendiste.

- **Causa y efecto**
- **Punto de vista del autor**
- **Raíces de palabras**
- **Hacer inferencias**
- **Comparar y contrastar**
- **Imaginería**
- **Modismos**

Conectar con el contenido

- Prefiguración
- Investigar sobre el Nuevo Trato
- ¿Hay alguien ahí?

Lee dos puntos de vista distintos sobre un tema y elige la respuesta correcta a cada pregunta.

Lobos en YELLOWSTONE

1 En el siglo XIX, manadas de lobos deambulaban por el Parque Nacional Yellowstone. Sin embargo, a finales de la década de 1920, los cazadores habían acabado con la mayoría de los lobos. Los científicos se preguntaron durante muchos años por las consecuencias de la reducción de la población de lobos en el ecosistema de Yellowstone.

2 En 1995, los científicos decidieron volver a soltar lobos en el ecosistema de Yellowstone. Algunos pensaban que los lobos aportarían cambios positivos a la extensa población de alces, una especie de venados, y a la baja población de castores. Pero no todos estaban de acuerdo. A algunos les preocupaba que la población de alces se viera afectada y que el ganado cercano estaría en peligro.

Primer argumento: los lobos son beneficiosos para Yellowstone

3 Los lobos ayudan a evitar que haya sobrepoblación de ciertos animales. En la cadena alimenticia, la población de los animales se ve afectada por la dieta y el comportamiento de otros animales. Cuando un animal, como el lobo, desaparece, muchos animales dentro de la cadena alimenticia se ven afectados. Cuando el lobo desapareció, también se fue un importante depredador del alce.

Los lobos se alimentaban de alces. Como consecuencia, la población de alces creció demasiado. Ya no se trasladaban tanto, porque ya no tenían que huir de los lobos. Cuando los alces se quedan en un solo lugar durante mucho tiempo, comen demasiados sauces. Los castores también comen sauces, y con ellos construyen represas. Dado que había pocos sauces durante el invierno, la población de castores comenzó a disminuir.

4 Cuando los lobos fueron reintroducidos en el parque, la población de alces se mantuvo en niveles equilibrados. Los lobos también sirvieron para que los alces se trasladaran constantemente y así no acabaran con los sauces. Dado que había un gran número de sauces, la población de castores volvió a incrementar. Ed Bangs, experto en vida salvaje, cree que "los lobos significan que hay comida" para todos.

Segundo argumento: los lobos traen problemas

5 No todos están contentos con el regreso de los lobos a Yellowstone. Muchos cazadores están molestos. Los lobos han acabado con más del doble de alces que estimaban los científicos. Algunas personas temen que los lobos acaben con todos los alces y que no quede nada para los cazadores. Los rancheros que viven cerca de Yellowstone temen que los lobos acaben con su ganado. La gente teme que los lobos afecten su forma de obtener alimento y hacer dinero. Algunos cazadores y rancheros han solicitado ante los tribunales ayuda para detener el proyecto de los lobos en Yellowstone. Sus problemas con los lobos son crónicos.

6 Para abordar estas preocupaciones, algunos han sugerido retirar a los lobos la etiqueta de especie amenazada. Esta etiqueta se refiere a los animales que están en peligro de extinguirse o de desaparecer y que necesitan la ayuda del Gobierno para sobrevivir. Otras soluciones son otorgar a los estados el control de la cantidad de lobos y permitir que haya temporadas de cacería de lobos en ciertas épocas del año.

7 No existe una solución sencilla. Al momento de decidir qué hacer, se debe trabajar para encontrar un equilibro entre el bienestar de los animales, la conservación del entorno y los intereses de las personas que viven allí.

Barrett Hedges/National Geographic/Getty Images

LO QUE APRENDISTE

1 Soltar lobos en el ecosistema de Yellowstone es bueno porque

A podrían ofrecer otra fuente de alimento a los alces.

B podrían controlar las poblaciones de alces y castores.

C permitiría que los alces se quedaran en un solo lugar.

D sería una forma de reducir la cantidad de sauces.

2 La afirmación "'los lobos significan que hay comida' para todos" en el párrafo 4 significa que

F los cazadores deberían poder cazar lobos.

G los lobos deberían poder alimentarse con ganado.

H hay más comida disponible para los alces.

J los castores tienen más comida disponible.

3 La raíz griega *crono* significa "tiempo". ¿Qué significa la palabra *crónico* en el párrafo 5?

A que persiste por un largo tiempo

B que va a terminar pronto

C que se aproxima con rapidez

D que comienza y se detiene durante un tiempo determinado

4 ¿Por qué el párrafo 5 es importante para sustentar la afirmación del autor de que la reintroducción de los lobos puede ocasionar problemas?

F Explica por qué son importantes los lobos para el ecosistema.

G Especifica cuáles son los problemas de la reintroducción de los lobos.

H Da soluciones específicas al problema.

J Ayuda a los lectores a entender el significado de "especie amenazada".

Acuérdate

En las preguntas de selección múltiple, descarta las respuestas que definitivamente no son correctas. Luego, analiza por un tiempo las respuestas que quedan.

Lee el texto y escoge la mejor respuesta para cada pregunta.

Chabuca y un recreo fuera de lo común

1 La maestra escribió en el pizarrón "3 de septiembre de 1930". Luego, dijo:

2 —Niños, hoy está cumpliendo años María Isabel Granda. —Prosiguió—. Ponte de pie, María Isabel.

3 La niña, sonrojada, se levantó. Tenía dos trenzas en su cabellera y una cinta que hacía juego con el color de la falda de su uniforme. Toda la clase puso sus ojos en ella; entre más la miraban, más se ruborizaba. Sus mejillas parecían un par de manzanas. Todos la aplaudieron y le cantaron "Las mañanitas".

4 Mientras estaba allí de pie, sintió la misma felicidad que sentía al cantar. Era una niña callada, pero le gustaba cantar. Cantaba durante todo el día.

5 Con ese gran aplauso, sintió como si la estuvieran aplaudiendo por ser la mejor cantante de Perú. Cuando sus compañeros terminaron, hizo una venia en agradecimiento. La maestra puso orden en el salón porque por la actitud de María Isabel, los estudiantes parecían estar en la luna o en otro lugar, y olvidaron que estaban en un salón de clases.

6 Era miércoles. Todos estaban haciendo un mapa de los departamentos de Perú. En él, Apurímac debía tener color rojo por ser el departamento donde estaba la escuela. De repente, la campana del recreo sonó.

LO QUE APRENDISTE

7 Los niños fueron al puesto de María Isabel y la felicitaron de nuevo. Después, salieron al patio de recreo para comer la merienda y para jugar un rato antes de continuar con la clase de geografía e iniciar la de matemáticas.

8 María Isabel y otros niños se hicieron en un rincón. Mientras comían, cada uno contó lo que quería ser cuando fuera grande. Un niño dijo que quería ser minero; otro, que quería tener una hacienda como la de su papá; una niña, que le gustaría ser maestra. María Isabel los escuchó y cuando fue su turno dijo con voz entrecortada, pero segura:

9 —¡Cantante! Y me llamaré Chabuca Granda.

10 Ninguno se sorprendió por su profesión, pero sí por el nombre tan curioso que usaría.

11 —Cántanos algo, querida Chabuca —dijo su mejor amiga Esperanza como echándole una mano—. Cántanos. Nosotros seremos tu público.

12 María Isabel se levantó y empezó a cantar. Su voz era maravillosa. Los niños se sintieron en el concierto de una gran artista. Además, su canto fue tan fuerte que pronto toda la escuela se paralizó y enmudeció. Nadie quería perderse semejante canción; nadie quería dejar pasar la oportunidad de oír esa voz melodiosa y fuerte.

13 Parecía como si hasta los pájaros del pueblo hubieran dejado de cantar; los perros, de ladrar; los gatos, de maullar, y las ovejas, de balar. Todos guardaron un silencio único para poder oír los cánticos de la gran Chabuca. Hasta los mineros hicieron un receso para poder escucharla.

14 Cuando María Isabel terminó, al unísono la aplaudieron. Quienes estaban sentados se levantaron y quienes estaban de pie se pusieron de puntitas como una forma de homenajear a esta niña.

15 La campana sonó para retomar las clases e interrumpió los aplausos, y María Isabel fue feliz al salón de clases a terminar su mapa de los departamentos de Perú.

1 ¿Qué expresión del párrafo 5 es un modismo?

A "Sintió como si la estuvieran aplaudiendo por su canción".

B "La maestra puso un poco de orden en el salón".

C "Los estudiantes parecían estar en la luna o en otro lugar".

D "Olvidaron que estaban en un salón de clases".

2 Según lo descrito en el párrafo 5, ¿cómo se sintió María Isabel con el aplauso de sus compañeros?

F María Isabel se sentía apenada, no quería que nadie la mirara.

G Se sintió emocionada. Imaginaba que era la mejor cantante de Perú.

H Sintió que quería cantar frente a sus compañeros.

J Se vio obligada a hacer una venia en agradecimiento por los aplausos.

3 ¿Cómo describe el autor, en el párrafo 12, el ambiente de la escuela en ese momento?

A Estaban concentrados en los juegos del recreo.

B Tenían ganas de entrar pronto a clase.

C Se sentían como en un concierto.

D Las personas se dieron cuenta del canto de María Isabel.

4 Del párrafo 13 se puede inferir que la canción de Chabuca provocó

F un gran rechazo entre los que la escuchaban.

G un total silencio para que todos pudieran escuchar la canción.

H que todos quisieran estar cerca de ella para escucharla mejor.

J que todos aplaudieran hasta que quedaron agotados.

Acuérdate

Intenta responder las preguntas de selección múltiple sin mirar las opciones. Luego, relaciona tu respuesta con la mejor opción.

AMPLÍA LO QUE APRENDISTE

COMPARAR GÉNEROS

- Vuelve a leer el texto expositivo *¿Cuándo un planeta no es un planeta?*, en las páginas 355-369, y el texto argumentativo "El caso de las abejas desaparecidas", en las páginas 390-393 de la **Antología de literatura.**
- Escribe las semejanzas y diferencias de ambos géneros en el diagrama de Venn. Ten en cuenta el propósito del autor y la estructura del texto.

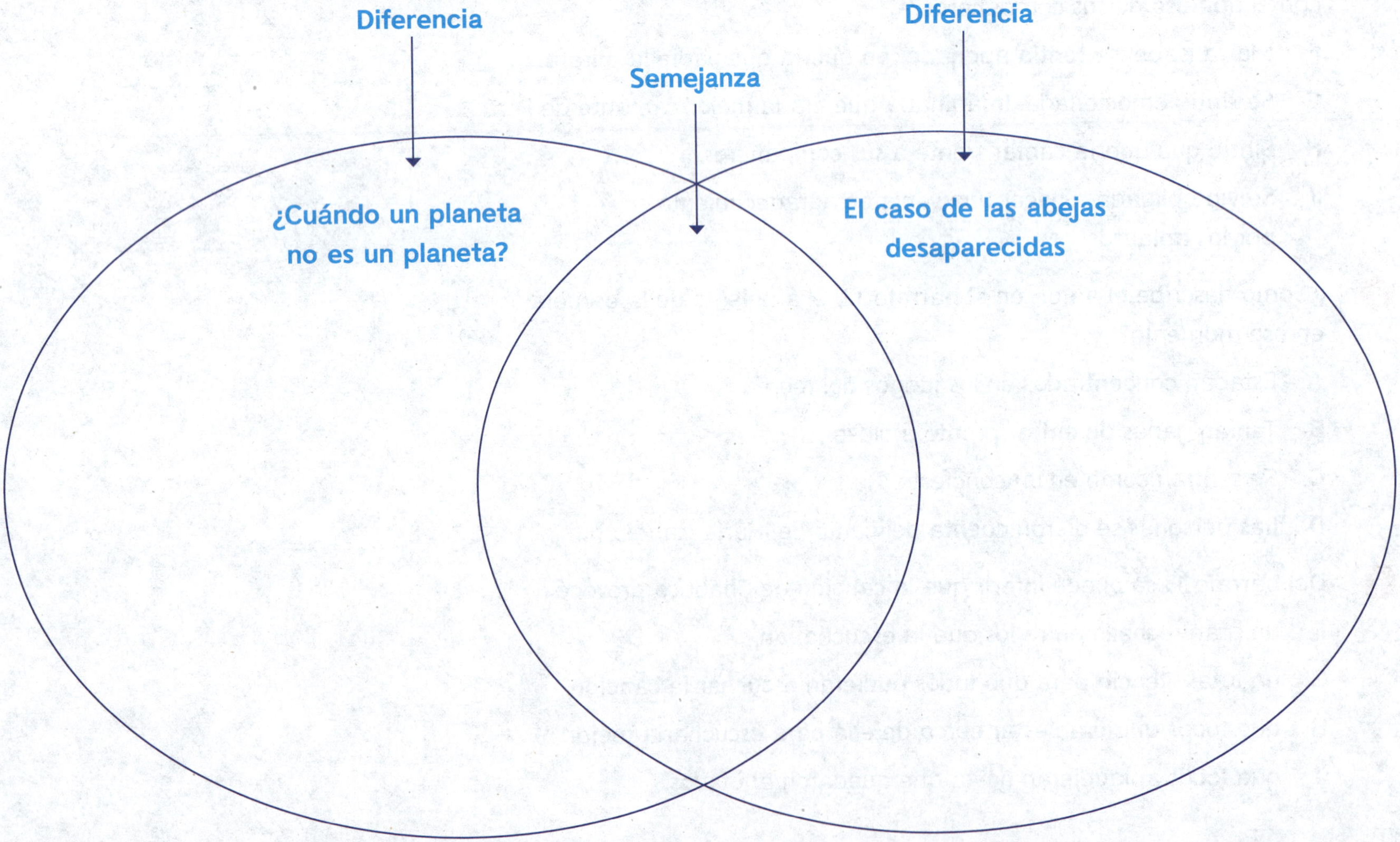

AMBIENTE HISTÓRICO

COLABORA

El ambiente de un relato se determina según el momento y lugar en el que suceden las acciones. Un ambiente histórico, como la Conquista de México (1519–1521), es un periodo real de la historia. Un autor puede presentar un ambiente histórico mediante detalles, como la ropa, la forma de entretenerse, el dialecto, los modismos y otras costumbres culturales.

- Vuelve a leer *Las ruinas indias* en las páginas 374–383 de la **Antología de literatura.** Presta atención al ambiente y la trama.
- Luego, lee uno o más relatos históricos de la Conquista de México y anota la información que se relaciona con *Las ruinas indias.*
- Consulta tus notas para analizar el efecto del ambiente en la trama. Escribe tus ideas en la tabla de abajo.

Ambiente histórico: la Conquista de México	Efecto en la trama

AMPLÍA LO QUE APRENDISTE

PREFIGURACIÓN

La prefiguración es cuando el autor da pistas de los sucesos que van a ocurrir en un relato. Gracias a la prefiguración, el lector hace predicciones y tiene expectativas sobre el desarrollo de la trama.

En el final de *Las ruinas indias,* el autor afirma que las ciudades de Tenochtitlán, Tulán y Texcoco ya no existen; que después de la conquista no quedó ninguna ciudad ni pueblo. ¿A partir de qué detalles del comienzo del texto puedes inferir esta información?

____

____

____

ELIGE UN GÉNERO

Durante la Gran Depresión, el presidente Franklin D. Roosevelt intentó ayudar a las personas mediante una serie de programas conocidos como el *New Deal.* Algunos de estos programas fueron el Cuerpo Civil de Conservación (CCC), la Administración Federal de Vivienda (FHA), la Administración de Obras Públicas (PWA) y la Ley de Seguridad Social.

- Investiga sobre un programa del *New Deal.* ¿Qué era el programa? ¿Cuándo comenzó y cuándo terminó? ¿Cómo ayudó a las personas?
- Elige un género para presentar tu investigación. Al momento de elegir, ten en cuenta al público. Planifica el primer borrador con una red de ideas. Edita tu texto y preséntalo al público.

Algo que aprendí mientras trabajaba con esta presentación es ______________________

____

¿HAY ALGUIEN AHÍ?

CIENCIAS

COLABORA

Entra a **my.mheducation.com** y vuelve a leer el artículo en línea "¿Hay alguien ahí?". Lee también la información de los elementos interactivos. Evalúa los detalles para determinar las ideas clave. Esto te servirá para responder las preguntas abajo:

¿Qué determina que la vida sea posible o no en un planeta que está ubicado en la zona "Ricitos de Oro" de una estrella?

____

____

- El prefijo *super-* significa "por encima" o "más allá". Según esto y las claves de la selección, ¿qué significa el término *supertierra*?

____

____

- Según los descubrimientos de los científicos, ¿qué ha provocado que la zona "Ricitos de Oro" se expanda?

____

____

____

____

NASA/JPL-Caltech

EVALÚA TU PROGRESO

¿QUÉ APRENDÍ?

Lee las pautas de evaluación para que califiques tu dominio de las destrezas de esta unidad. Escribe la puntuación más abajo, en cada destreza.

4	3	2	1
Identifico correctamente todos los ejemplos de esta destreza.	Identifico la mayoría de los ejemplos de esta destreza.	Identifico algunos ejemplos de esta destreza.	Debo trabajar más en esta destreza.

☐ Causa y efecto

☐ Comparar y contrastar

☐ Raíces griegas

☐ Punto de vista del autor

☐ Modismos

☐ Raíces de palabras

Algo en lo que debo trabajar más es en ____________ porque

____

____

____

El texto y tú Piensa en los textos que has leído en esta unidad. Elige uno y escribe un párrafo breve en el que expliques una conexión personal que hayas establecido con el texto.

Hice una conexión personal con ____________ porque ____________

____

____

____

Integrar | BÚSQUEDA E INVESTIGACIÓN

CIENCIAS

Presentar el trabajo

COLABORA

Comenta el modo en que presentarás a la clase tu informe en un blog sobre especies invasoras. Ten en cuenta la manera como presentarás fotos, videos o grabaciones de audio que formen parte de tu informe.

Mientras tus compañeros hacen su presentación, aplica los consejos que se dan a la derecha.

Completa las siguientes oraciones:

Uno de los datos interesantes que aprendí acerca de las especies invasoras en Estados Unidos es ______________________________

____

Me gustaría saber más de ______________________________

____

____

tecnoNOTAS

Si incluyes hipervínculos en tu blog, comprueba que funcionan correctamente antes de tu presentación.

Saber escuchar

- ☐ Escucha con atención y toma notas de las ideas del expositor.
- ☐ Presta atención al lenguaje no verbal, como el hacer gestos y señalar. Esto te ayudará a entender mejor la información.
- ☐ Haz preguntas relevantes.
- ☐ Da sugerencias y haz comentarios pertinentes.

Klaus Vedfelt/Digital Vision/Getty Images

Coméntalo

¿? Pregunta esencial

¿De qué modo contribuyen los distintos grupos a una causa?

COLABORA

Cuando Estados Unidos decidió participar en la Segunda Guerra Mundial, se convocó a la población nacional para que contribuyera a la causa. Muchas fábricas dejaron de producir sus bienes y comenzaron a fabricar equipos y maquinaria de guerra, como aviones.

Mira la fotografía. ¿Qué están haciendo las mujeres? Comenta con un compañero palabras y frases que estén relacionadas con contribuir a una causa. Escribe tus ideas en la red de palabras.

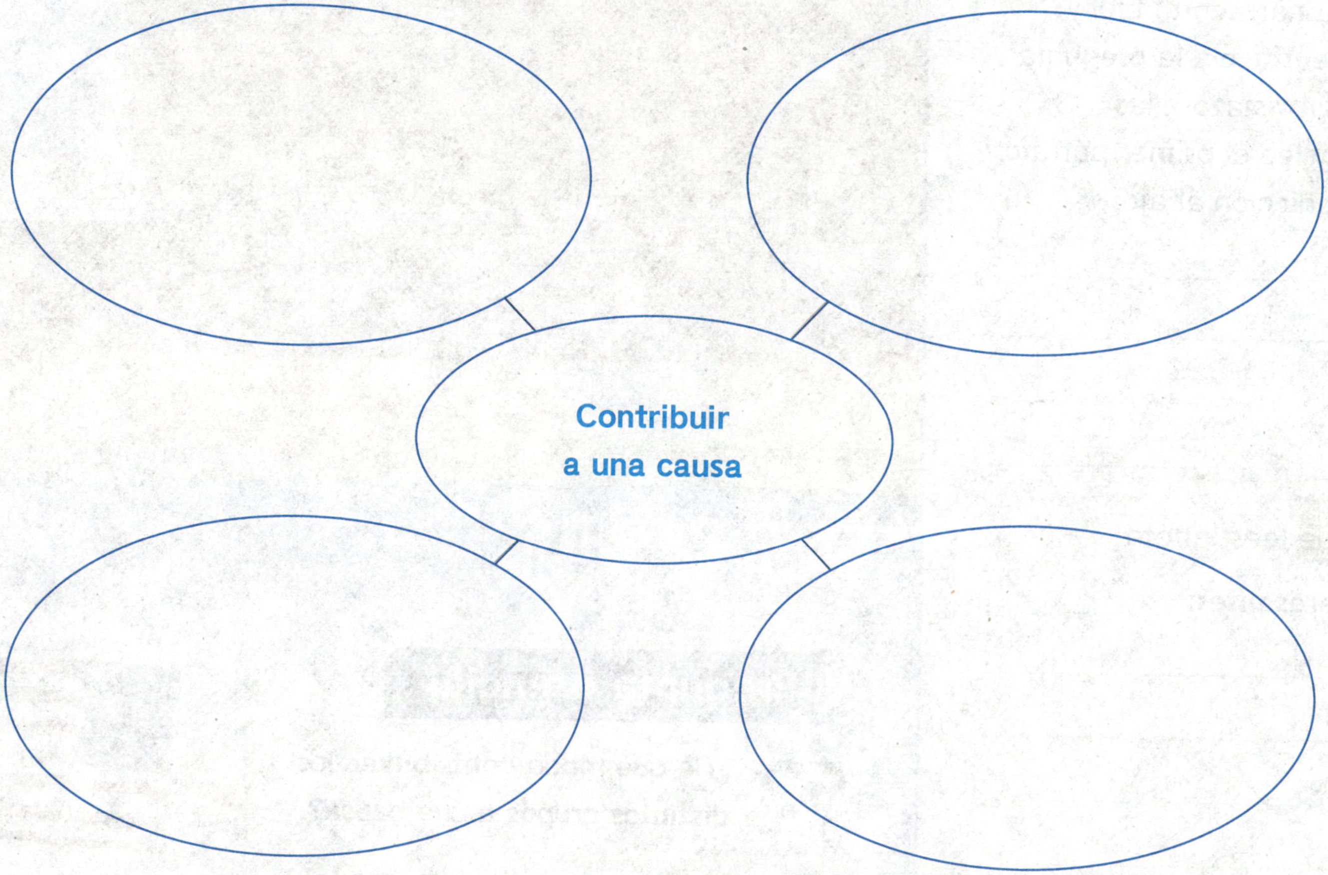

Ve a **my.mheducation.com** y lee el *Blast* "Contribuciones notables". Piensa en lo que hace que una contribución sea notable. ¿Por qué algunas veces es importante contribuir a una causa? Luego, comenta tus respuestas al *Blast*.

LECTURA COMPARTIDA

TOMA NOTAS

Para concentrarte en la lectura, da un vistazo al texto y presta atención a las características del género. Haz una predicción sobre lo que hará la narradora, Libby Kendall. Lee el título y la pregunta esencial, da un vistazo a las ilustraciones y lee el primer párrafo. Escribe tu predicción abajo.

____

____

____

____

A medida que lees, anota:

Palabras interesantes: ______________________________

____

____

____

____

Detalles clave: ______________________________

____

____

Pregunta esencial

¿De qué modo contribuyen los distintos grupos a una causa?

Lee cómo una joven aprende el modo de contribuir a una causa durante la Segunda Guerra Mundial.

Mi nombre es Libby Kendall y soy prisionera de guerra. No realmente, pero a veces siento como si lo fuera. Al igual que mi padre, empaqué y me embarqué. Pero, a diferencia de él, nada de lo que yo haya hecho ayudará a los aliados a ganar la Segunda Guerra Mundial.

Mi padre es mecánico de un barco de guerra en el océano Pacífico. Yo estoy atrapada en un apartamentito que se halla sobre la panadería de mi tía Lucía, en el centro. Mi mamá dice que es solo por unos meses, mientras ella trabaja turnos dobles en la fábrica de ropa. Allá hace uniformes; mayormente se encarga de coser los bolsillos a los abrigos. Le pregunté si escondía cosas en los bolsillos para que los soldados las encontraran, como poemas escritos en caligrafía, y me dijo que ellos los usan para llevar las herramientas que puedan necesitar para su **supervivencia** en la guerra y no cosas tontas como la poesía.

Parece que nadie aprecia mis **contribuciones** creativas a la causa, pero mi tía Lucía dice que mi ayuda es importante, ya que sus dos trabajadores se unieron al ejército.

El primer día con mi tía, me explicó las **operaciones** diarias de la panadería. Primero, nos levantamos antes del amanecer para amasar, y luego debemos cocer en el horno los panes y *muffins*. Después, mientras atiendo a los clientes, ella prepara las tortas y galletas para vender en la tarde. Cuando el teléfono suena, corre desde atrás del cuarto para contestar la llamada. Siempre se preocupa de que sean malas noticias, y quiere ser la primera en oírlas.

Después de cenar, mi tía invita a los vecinos a escuchar la radio. La **diversidad** de algunos inmigrantes es muy amplia. Lucía y otros ayudan a traducir en varios idiomas para que todos entiendan. Yo escucho atenta cualquier **boletín** sobre los combates en el Pacífico, si no son **interceptados**.

FICCIÓN HISTÓRICA

BUSCAR EVIDENCIAS

Leer

Párrafos 1–2

Tema

¿Con qué información se sustenta la idea de que cualquier persona puede contribuir a una causa? **Subraya** las evidencias del texto. Escribe tu respuesta abajo.

____

____

____

Párrafos 3–5

Resumir

Encierra en un círculo los detalles clave de la descripción del trabajo de Libby. Resúmelos abajo.

____

____

Releer

Técnica del autor

Este relato se cuenta desde el punto de vista de la primera persona. ¿Cómo influye esto en el tono del relato?

LECTURA COMPARTIDA

BUSCAR EVIDENCIAS

Leer

Párrafos 1–3

Escena retrospectiva

Encierra en un círculo las pistas que indican que Libby está pensando en cosas que ya sucedieron.

Párrafo 3

Tema

Subraya las evidencias del texto que muestran cómo se comporta Libby al enterarse de que su padre se unirá a la fuerza naval.

Párrafos 4–5

Resumir

Resume la manera como Libby reacciona a sus sentimientos.

____

____

____

Releer

Técnica del autor

¿Por qué incluye el autor una escena retrospectiva en el relato?

Recuerdo la ansiedad con que mis padres leían los reportes sobre la guerra, que yo rara vez entendía. Con frecuencia susurraban entre ellos y yo gritaba algo como: "¡Hablen alto! ¡No los puedo escuchar!", a lo que ellos respondían frunciendo el ceño y dejándome sola para hablar en privado.

Una noche entraron a la sala y apagaron la radio. Al principio me molesté, pero estaban serios.

–Nuestro país está en guerra –dijo mi padre–. El ejército buscará nuevos **reclutas**. Yo sé algo sobre barcos y motores de barco, así que pretendo unirme a la fuerza naval.

Sentí un gran sudor, pero mis manos se sentían frías. "No puedes irte así como así" dije. Di patadas en el suelo y salí corriendo hacia mi cuarto. Al recordarlo, siento vergüenza por la manera egoísta como actué.

Esta mañana, la tía Lucía sabe que estoy triste. Me pide que vaya y la ayude a decorar pastelillos para una colecta de fondos. Al comienzo no me interesaba. Solo esparcí crema y coloqué una baya encima. Luego me di cuenta de que podía hacer rayas rojas de fresas y una mancha azul de arándanos. Al poco tiempo tuve una bandeja de pastelillos decorados como banderas para mostrarle a mi tía.

—¡Son fantásticos! —dijo la tía Lucía—. ¡Estoy segura de que se venderán mejor que cualquier cosa!

Por primera vez en semanas, siento que he hecho algo bien, y pienso en todo el dinero que podemos conseguir y en todos los suministros que pueden comprarse para mi padre.

—Me **alisté** en la fuerza naval para ayudar a restaurar la democracia en el mundo —dijo mi padre el día que se fue—. Sé una buena hija de las fuerzas armadas y navega hacia adelante, señorita.

Le prometí que lo haría. Mientras abría la puerta, puse en el bolsillo de su abrigo un pequeño poema: "Esta es una pequeña rima para pasar el rato. ¡Cuando regreses te daré un gran abrazo!".

Miro los pastelillos y sé que me habría hecho feliz enviarle uno a mi padre. En su lugar, dibujaré un plato donde estén todos apilados y lo enviaré al Pacífico con una carta. De esta manera, sé que mi padre tendrá mucho para compartir con todos.

Sean Qualls

Resumir

Utiliza tus notas para resumir los sucesos del relato. Asegúrate de incluir detalles de los elementos de la trama. Comprueba si la predicción que hiciste en la página 100 se hizo realidad o no.

FICCIÓN HISTÓRICA

BUSCAR EVIDENCIAS

Leer

Párrafos 1–2

Tema

¿Cómo intenta la tía Lucía animar a Libby? ¿Qué logra?

Párrafos 4–5

Homófonos

Subraya las claves de contexto que te permiten deducir el significado de *abría* y el de *habría*. Escríbelas abajo.

Releer

Técnica del autor

¿Qué mensaje les transmite el autor a los lectores por medio de las acciones de Libby?

Vocabulario

A partir de las oraciones que se dan como ejemplo, comenta con un compañero lo que significa cada palabra. Luego, responde las preguntas.

alistarse

Aquellos que **se alistan** en el ejército deben hacer un juramento de fidelidad.

¿Por qué las personas se alistan para el servicio militar?

boletín

Ciro puso un **boletín** en el vecindario para informar a sus vecinos de que su perro se había perdido.

¿Por qué otra razón pondrías un boletín?

Crea tu lista de palabras Elige una palabra de la lectura que te haya parecido interesante. Busca sinónimos y antónimos de esa palabra en un diccionario y anótalos en tu cuaderno de escritura.

contribución

En el museo se muestran las **contribuciones** de los héroes de nuestro país.

¿Qué contribución has hecho para tu vecindario o para tu familia?

diversidad

Había una gran **diversidad** de razas en la exposición de perros.

¿Dónde más podrías ver una amplia diversidad de animales?

interceptar

Salté para **interceptar** la pelota y evitar que el otro equipo anotara una carrera.

¿En qué otro deporte se intercepta la pelota?

operación

El equipo comenzó las **operaciones** de limpieza después del desastre.

¿Qué otras operaciones podrían ayudar en un desastre?

____

____

recluta

El oficial se dirigió a los **reclutas** cuando se preparaban para el entrenamiento.

¿Qué hacen los reclutas?

____

____

supervivencia

La **supervivencia** de algunas especies de aves está amenazada por el incremento de la caza recreativa.

¿Qué objetos son útiles para la supervivencia en una emergencia?

____

____

Homófonos

Cuando lees, puedes encontrar **homófonos**, o palabras que suenan igual, pero tienen una ortografía y significado diferentes. Puedes deducir el significado de un homófono con las palabras y oraciones cercanas.

BUSCAR EVIDENCIAS

En la página 102 de "Embarcados", leo las palabras vaya *y* baya, *que se pronuncian igual. Con las palabras cercanas puedo deducir que* vaya *significa "ir" y* baya *es una fruta que se usa para adornar pastelillos.*

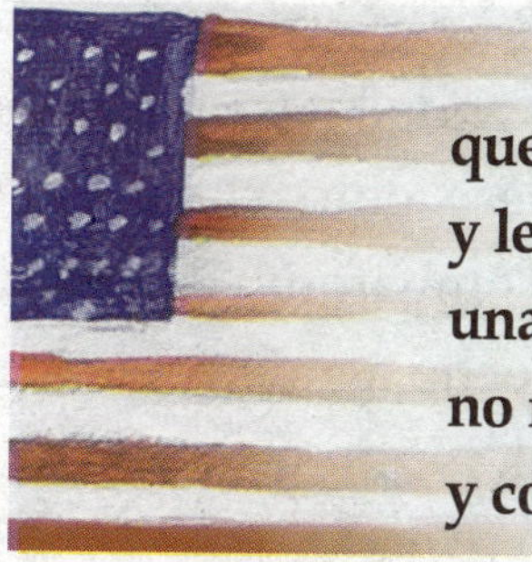

Esta mañana, la tía Lucía sabe que estoy triste. Me pide que vaya y le ayude a decorar pastelillos para una colecta de fondos. Al comienzo no me interesaba. Solo esparcí crema y coloqué una baya encima.

Tu turno Fíjate en las claves de contexto para deducir el significado de estos homófonos de "Embarcados":

haya y **halla**, página 101 ______________________________________

____

____

coser y **cocer**, página 101 ______________________________________

____

Sean Qualls

Releer | LECTURA COMPARTIDA

Resumir

Es importante resumir para que los lectores recuerden los detalles a medida que leen. Al resumir los detalles importantes en orden lógico, los lectores podrán comprender mejor el ambiente y los sucesos de la trama. Recuerda que no debes incluir tus opiniones en un resumen.

Acuérdate

En un resumen no se incluye todo el relato. Solo se incluye la información más importante.

BUSCAR EVIDENCIAS

Resumir los primeros párrafos de la página 101 de "Embarcados" puede servirte para entender el ambiente y la trama del relato.

Página 101

Mi nombre es Libby Kendall y soy una prisionera de guerra. No realmente, pero a veces siento como si lo fuera. Al igual que mi padre, empaqué y me embarqué. Pero, a diferencia de él, nada de lo que yo haya hecho ayudará a los aliados a ganar la Segunda Guerra Mundial.

En los primeros párrafos se presenta a Libby Kendall, una niña que vive durante la Segunda Guerra Mundial. Ella debe vivir y trabajar con su tía porque su padre se ha ido a la guerra y su madre tiene que trabajar largas horas.

COLABORA

Tu turno Resume la escena retrospectiva de la página 102.

____

____

____

Escena retrospectiva

La selección "Embarcados" es un texto de ficción histórica. En la ficción histórica se presentan sucesos y ambientes propios de la época en la que sucede el relato. Normalmente se presentan personajes realistas que hablan y actúan como las personas que vivieron en esa época. Pueden incluir varios recursos literarios, como las escenas retrospectivas.

Acuérdate

Los textos de ficción histórica ocurren en el pasado. Los lectores comprenden mejor el pasado por medio de escenas retrospectivas.

BUSCAR EVIDENCIAS

Puedo saber que "Embarcados" es un texto de ficción histórica. En el primer párrafo se menciona un suceso real, la Segunda Guerra Mundial. Gracias a las escenas retrospectivas, sabemos por qué Libby debe vivir con su tía.

Página 102

Recuerdo la ansiedad con que mis padres leían los reportes sobre la guerra, que yo rara vez entendía. Con frecuencia susurraban entre ellos y yo gritaba algo como: "¡Hablen alto! ¡No los puedo escuchar!", a lo que ellos respondían frunciendo el ceño y dejándome sola para hablar en privado.

Una noche entraron a la sala y apagaron la radio. Al principio me molesté, pero estaban serios.

—Nuestro país está en guerra —dijo mi padre—. El ejército buscará nuevos **reclutas.** Yo sé algo sobre barcos y motores de barco, así que pretendo unirme a la fuerza naval.

Sentí un gran sudor, pero mis manos se sentían frías. "No puedes irte así como así" dije. Di patadas en el suelo y salí corriendo hacia mi cuarto. Al recordarlo, siento vergüenza por la manera egoísta como actué.

Esta mañana, la tía Lucía sabe que estoy triste. Me pide que vaya y la ayude a decorar pastelillos para una colecta de fondos. Al comienzo no me interesaba. Solo esparcí crema y coloqué una baya encima. Luego me di cuenta de que podía hacer rayas rojas de fresas y una mancha azul de arándanos. Al poco tiempo tuve una bandeja de pastelillos decorados como banderas para mostrarle a mi tía.

Escena retrospectiva

En las escenas retrospectivas se describen sucesos y acciones que ocurrieron antes de la acción principal del relato. Con palabras o frases clave, como *una vez* o *recuerdo,* se muestra que un personaje está hablando del pasado.

COLABORA

Tu turno Identifica la escena retrospectiva de la página 103. ¿En qué se diferencia esta escena retrospectiva que se relata en la página 102?

Tema

Para identificar el **tema**, o mensaje general, de un relato, ten en cuenta lo que dicen y hacen los personajes. Analiza las relaciones y los conflictos, o problemas, de los personajes. Además del tema principal, en algunos relatos puede haber múltiples temas. Piensa en cómo cambian los personajes como resultado de lo que les sucede y en cómo eso te permite inferir los temas.

Acuérdate

Para inferir el tema de un relato, puedes pensar en la lección que aprende un personaje. La enseñanza que aprende el personaje puede ser el tema principal del relato.

BUSCAR EVIDENCIAS

En la página 101 de "Embarcados", Libby dice que se siente como una prisionera de guerra en el apartamento de su tía. Esto se debe a que su padre se ha ido a la guerra y su madre debe ir a trabajar. Libby siente que no aprecian su contribución a la causa, pero su tía Lucía necesita de su ayuda. Estos sucesos me ayudarán a identificar el tema.

¿Qué hace y dice el personaje?	¿Qué le ocurre al personaje?
Libby dice que se siente como una prisionera de guerra.	El padre de Libby se ha ido a la guerra; la madre debe trabajar.
No se aprecian sus contribuciones a la causa.	La tía Lucía necesita la ayuda de Libby en la panadería.

Tema

COLABORA

Tu turno ¿Qué le enseña la tía Lucía a Libby sobre cómo contribuir a la causa? Completa el organizador gráfico de la página 109 para identificar el tema del relato.

Sean Qualls

¿Qué hace y dice el personaje?

¿Qué le ocurre al personaje?

Tema

Responder a la lectura

COLABORA

Responde por escrito la pregunta de abajo. Piensa en cómo el autor cuenta el relato por medio del personaje principal. Consulta tus notas y el organizador gráfico.

¿Cómo muestra el autor el impacto que la Segunda Guerra Mundial tuvo en los niños y en los adultos?

Acuérdate

Completa estas oraciones para comentar el texto y organizar tus ideas:

- *El relato se cuenta desde el punto de vista de Libby...*
- *El autor emplea escenas retrospectivas para...*
- *Al final, Libby aprende...*

Enlace gramatical

Al escribir tu respuesta, utiliza adverbios para mostrar la intensidad de las acciones de los personajes. Por ejemplo:

*Libby reaccionó **tristemente** a la noticia de que su padre se uniría a la armada.*

*Ella decoró **cuidadosamente** los pastelillos.*

Integrar **BÚSQUEDA E INVESTIGACIÓN**

ESTUDIOS SOCIALES

Información relevante

En la **información relevante** se incluyen datos, detalles y ejemplos del tema que estás investigando. Puedes buscar información en textos digitales o impresos. En los textos digitales puedes encontrar imágenes o enlaces a otros sitios web en los que haya más información. Al elegir tus fuentes, pregúntate:

- ¿Se relaciona esta información con mi tema?
- ¿Podría esta información sustentar el propósito de mi escrito?
- ¿Es relevante esta información para mi público?

¿Qué otra pregunta relacionada con la información relevante podrías hacerte?

____

COLABORA

Haz una tabla de causa y efecto Con un compañero o en grupo, investiga las causas de la Segunda Guerra Mundial. Si utilizan textos digitales, consulten los elementos interactivos para obtener más información. Luego, hagan una tabla de causa y efecto en la que muestren lo que encontraron. Si piensan en estas ideas, les será más fácil hacer la investigación:

- ¿Qué países estuvieron involucrados en la Segunda Guerra Mundial?
- ¿Qué ocurrió en estos países antes de esta guerra?
- ¿Qué países fueron invadidos y por qué?

Comenten qué información es la más relevante para su tema. Seleccionen los detalles más importantes y decidan cómo van a organizarlos en su tabla.

Acuérdate

Si tienes dificultades al momento de crear un plan de investigación, pide ayuda a tu maestro o al bibliotecario. Ellos también pueden ayudarte a seguir tu plan.

¿Cuáles de estos hechos incluirías como información relevante de las causas de la Segunda Guerra Mundial?

- Alemania invade Polonia en 1939.
- La Feria Mundial de Nueva York se inaugura en 1939.

____

____

____

____

Releer | TEXTO PRINCIPAL

El código indescifrable

Antología de literatura, páginas 434–447

¿Por qué el abuelo le habla a Juan en navajo?

COLABORA

Coméntalo Vuelve a leer las páginas 436 y 437 de la **Antología de literatura**. Comenta con un compañero cómo el autor describe el navajo.

Cita evidencias ¿Qué palabras y frases muestran el impacto que tiene en Juan el idioma navajo? Escribe las evidencias del texto en la red de palabras.

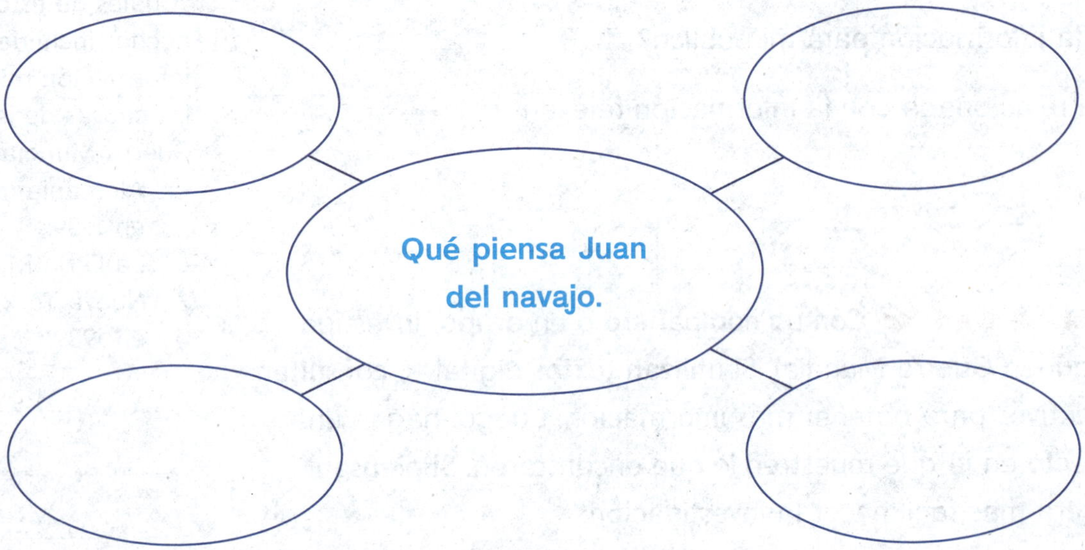

Escribe El abuelo le habla a Juan en navajo porque ______________________

____

____

____

Acuérdate

Busca palabras con las que puedas formar imágenes mentales. Puedes comprender lo que un personaje siente por medio de estas palabras. Por ejemplo, la frase "Juan hundió la puntera del zapato en la tierra" muestra que Juan está molesto.

Hacer inferencias

Puedes hacer inferencias a partir de la forma como reaccionan los personajes a los actos de los demás. Piensa en lo que hacen y en lo que sus acciones sugieren. ¿Qué inferencia puedes hacer de cómo se siente Juan en su escuela? ¿Por medio de qué acciones o palabras de Juan pudiste inferir esa conclusión?

¿Por qué es importante para la trama del relato que la misión del abuelo en la Segunda Guerra Mundial fuera secreta?

COLABORA

Coméntalo Vuelve a leer las páginas 440 y 441 de la **Antología de literatura**. Comenta con un compañero en qué consiste el código navajo.

Cita evidencias ¿Con qué frases muestra el autor el carácter secreto de la misión del abuelo? Escribe las evidencias del texto abajo.

Evidencias

↓

Conclusión

Escribe Era importante para el relato que la misión del abuelo durante la Segunda Guerra Mundial fuera secreta porque ______________________

____

____

Acuérdate

Un *secreto* es "algo que no se debe dar a conocer a los demás". Pensar en el significado de esta palabra te ayudará a encontrar evidencias del texto.

Evaluar información

Lee esta oración del relato: *Esto significaba que no se podía intercambiar información entre los barcos, los aviones y las fuerzas en tierras estadounidenses.* ¿Cómo te permite esta información comprender la importancia de los secretos durante la Segunda Guerra Mundial?

Releer | # TEXTO PRINCIPAL

¿Cómo muestra la reacción de Juan a las palabras del abuelo la manera como Juan ha cambiado?

COLABORA

Coméntalo Vuelve a leer la página 447 de la **Antología de literatura**. Comenta con un compañero cómo ha cambiado Juan al final del relato.

Cita evidencias ¿Cómo cambia la manera de sentirse Juan a causa del relato del abuelo? Cita evidencias del texto en tu respuesta.

Juan comprende gracias al relato de su abuelo
↓
Juan se da cuenta de
↓
Juan es ahora capaz de
↓
Lo que puedes conocer de Juan por sus cambios:

Escribe Al final del relato, Juan ha cambiado ______________________

____

____

Acuérdate

Al volver a leer, busca las palabras y las oraciones con las que la autora describe los sentimientos de los personajes. Puedes evaluar estos detalles para determinar las ideas clave del relato.

Responder a la lectura

COLABORA

Comenta esta instrucción. Al responder, haz conexiones con las experiencias personales que hayas tenido con otras culturas. Consulta tus notas y el organizador gráfico.

¿Cómo emplea la autora los diálogos y el relato del abuelo para mostrar la importancia de la cultura navaja de Juan?

Acuérdate

Completa estas oraciones para comentar el texto y citar evidencias.

- *La autora presenta los relatos del abuelo para...*
- *La reacción de Juan a estos relatos muestra que...*
- *Al final, Juan...*

Mis lecturas

Elige un texto y anota en tu cuaderno el título, el autor y el género del libro. Asegúrate de incluir tu respuesta personal al texto.

Doug Sherman/Geofile

Releer | LECTURA COMPLEMENTARIA

Aliados en acción

Antología de literatura,
páginas 450–453

Unirse a los aliados

1 Muchos hombres partieron para combatir en la guerra. Las mujeres también se alistaron y con frecuencia prestaron su servicio en los cuerpos de enfermeras. El gran número de reclutas que se fue al extranjero ocasionó una escasez de trabajadores, así que muchas mujeres ocuparon trabajos que antes hacían los hombres. Se emplearon en cargos gubernamentales y trabajaron en fábricas. También consiguieron fondos y recogieron materiales que serían reciclados para hacer suministros para las tropas.

2 La escasez de trabajadores en la agricultura llevó a Estados Unidos a fundar el programa Bracero con México. *Bracero* es una palabra que significa jornalero. Este programa sirvió para que los trabajadores mexicanos trabajaran en las granjas de Estados Unidos. Estos trabajadores cuidaron los cultivos e hicieron que la economía del país fuera productiva durante la guerra y después de la misma.

Vuelve a leer el primer párrafo. **Subraya** una oración en la que se explique por qué la ayuda de las mujeres era necesaria.

COLABORA

Comenta con un compañero por qué en Estados Unidos se necesitaba la ayuda de mujeres y de personas de otros países.

Evalúa los detalles del párrafo 2. **Subraya** los detalles con los que se explica cómo funcionaba el programa Bracero. Explica por qué el autor incluyó esta información en el texto.

Los pilotos de Tuskegee

3 Al comienzo de la guerra, una cantidad de hombres afroamericanos estaban activos en el ejército, y, sin embargo, sus cargos eran limitados y casi nunca les daban la oportunidad de avanzar o de estar en operaciones militares especiales.

4 Muchos grupos de derechos civiles habían protestado ante estas restricciones, y como respuesta, en 1941, el cuerpo aéreo del ejército comenzó un nuevo programa de entrenamiento. Allí prepararon a los afroamericanos para convertirse en pilotos y navegantes. Este programa tuvo su base en Tuskegee, Alabama. Aquellos que completaron el entrenamiento en aeronáutica o pilotaje se conocieron como “Los pilotos de Tuskegee”.

5 Los pilotos volaron en misiones durante la Segunda Guerra Mundial y se ganaron una sólida reputación por sus habilidades. Su éxito llevaría al ejército a reconocer el servicio de los afroamericanos y a ofrecerles más oportunidades de entrenamiento.

Encierra en un círculo las oraciones en las que se afirma que los soldados afroamericanos no tenían tantas oportunidades.

Encierra en un cuadrado la oración en la que se explica cuál fue la consecuencia.

COLABORA

Vuelve a leer el fragmento de esta página. Evalúa los detalles para determinar las ideas clave. Platica con un compañero del propósito del autor al escribir sobre afroamericanos que hicieron parte del ejército durante la Segunda Guerra Mundial.

¿Por qué es importante saber que en la guerra hubo restricciones para los afroamericanos? Sustenta tu respuesta con evidencias del texto.

Releer

LECTURA COMPLEMENTARIA

¿Por qué Estados Unidos necesitó la ayuda de diferentes grupos de personas durante la Segunda Guerra Mundial?

COLABORA

Coméntalo Vuelve a leer los fragmentos de las páginas 116 y 117. Comenta con un compañero cómo diferentes grupos de personas ayudaron a Estados Unidos y a las Fuerzas Aliadas a ganar la guerra.

Cita evidencias ¿Qué grupos de personas contribuyeron a la causa? ¿Qué conclusión podemos sacar al estudiar estos grupos?

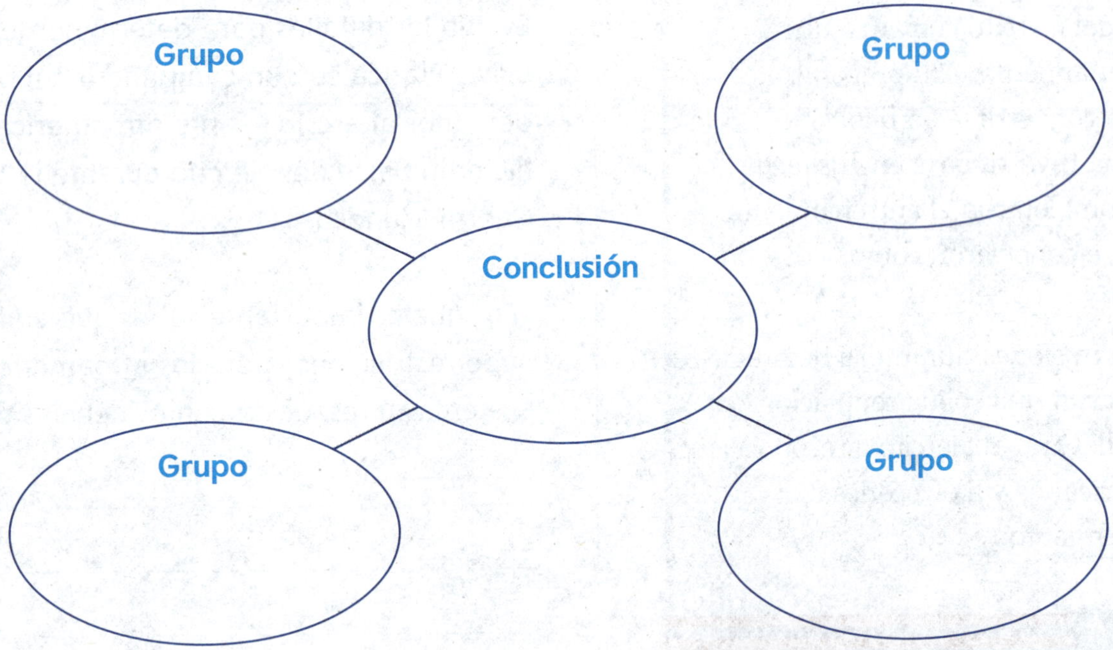

Escribe La contribución de esos grupos fue necesaria durante la guerra

porque ______________________________

____

____

Sintetizar información

En "Aliados en acción", el autor menciona varios grupos de personas que contribuyeron a la causa. Piensa en la razón por la que el autor eligió estos grupos para sustentar su punto de vista.

Elementos gráficos

Los autores eligen diferentes tipos de elementos para ampliar la información. Esto les permite a los lectores comprender mejor el texto. Algunos de estos elementos son encabezados, mapas, tablas, fotografías y leyendas.

De lectores a escritores

Puedes incluir fuentes primarias visuales en tus escritos de temas históricos para dar al lector detalles específicos que no están en el texto principal. En las fotografías se pueden mostrar las acciones de un suceso y las personas que participaron en él.

BUSCAR EVIDENCIAS

En la página 452 de la **Antología de literatura**, el autor de "Aliados en acción" incluye fotografías de fuentes primarias y leyendas para mostrar los diferentes grupos que contribuyeron a la causa. En la leyenda de abajo se describe la fotografía de la derecha.

> Cerca de 1,000 afroamericanos completaron el programa de entrenamiento de pilotos en Tuskegee, Alabama.

U.S. Air Force photo

COLABORA

Tu turno Analiza la fotografía y la leyenda de la página 452.

- ¿Cuál era el propósito del autor al incluir una fotografía de fuente primaria en el texto? ______________________

____

____

- ¿Qué le aporta la leyenda al texto? ______________________

____

____

Integrar **HACER CONEXIONES**

Conexiones del texto

¿En qué se parece el mensaje de este afiche a los mensajes de *El código indescifrable* y "Aliados en acción"?

COLABORA

Coméntalo Observa el afiche y lee la leyenda. Comenta con un compañero lo que ves en la imagen.

Cita evidencias **Encierra en un círculo** las pistas del afiche y de la leyenda con las que puedes entender cuál es el mensaje del afiche.

Escribe El mensaje del afiche es similar al mensaje de las selecciones porque ______________________________

____

____

____

____

____

____

Acuérdate

Habla de las contribuciones que las personas hicieron a la causa durante la Segunda Guerra Mundial. Fíjate en los detalles del afiche y en las ideas de las selecciones.

El cartel "¡Construye para la Armada! ¡Enrólate! Carpinteros, maquinistas, electricistas, etc." fue creado por Robert Muchley entre 1941 y 1943. Buscaba animar a trabajadores especializados a unirse a la Armada durante la guerra.

Presentar el trabajo

COLABORA

Comenta el modo en que presentarás a la clase tu tabla de causa y efecto sobre las causas de la Segunda Guerra Mundial. Aplica las estrategias de la derecha. Comenta los comienzos de oración de abajo y escribe tus respuestas.

Después de investigar las causas de la Segunda Guerra Mundial, me di cuenta de que ______________________________

____

____

____

Me gustaría saber más acerca de ______________________________

____

____

Acuérdate

Al ensayar tu presentación, reserva algo de tiempo para las preguntas y comentarios de tu público. La práctica servirá para perfeccionar tu presentación y te dará la confianza necesaria para hacerlo lo mejor posible.

Comprobar la presentación

- ☐ Planifica con tu compañero o tu grupo la forma como van a presentar su tabla y el rol de cada uno.
- ☐ Habla con claridad y con un tono adecuado.
- ☐ Haz contacto visual.
- ☐ Asegúrate de que todos en el público puedan ver la presentación.
- ☐ Reserva algo de tiempo para responder preguntas.

LWA/Dann Tardif/Getty Images

ESCRITURA

Antología de literatura, páginas 434–447

Texto modelo

Características de la ficción histórica

Los textos de ficción histórica tratan de personas, lugares o sucesos reales del pasado. Sin embargo, algunos detalles del relato, como los personajes o los diálogos, son inventados. En los textos de ficción histórica:

- los hechos ocurren en el pasado;
- algunos sucesos de la trama pudieron haber sucedido en la realidad;
- se cuentan los sucesos en orden lógico.

Analiza el texto modelo Estudiar textos de ficción histórica te servirá para aprender a escribir tu propio relato de ficción histórica. **Vuelve a leer** la página 443 de *El código indescifrable* en la **Antología de literatura**. Escribe tus respuestas abajo.

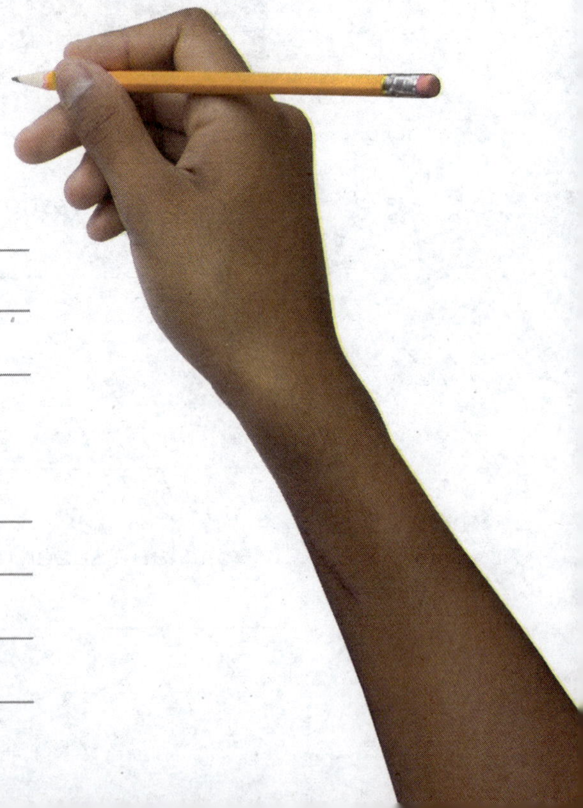

¿Qué palabras y frases utiliza la autora para ayudarte a comprender la secuencia de sucesos? ______________________________

____

____

¿Con qué detalles del segundo párrafo se puede deducir que el abuelo guarda en su memoria recuerdos difíciles? ______________________________

____

____

____

Planificar: elige un tema

Correlacionar Habla con un compañero sobre los periodos históricos que les interesen. Luego, piensa en algunos personajes que podrían haber vivido en esa época y en lo que posiblemente hicieron. En una hoja aparte, haz un diagrama de ideas de distintos periodos. Incluye los personajes y los conflictos que podrían haber enfrentado.

Instrucción de escritura Elige un periodo histórico de tu diagrama de ideas. Escribe un relato corto de ficción histórica que trate de los personajes de ese periodo y de los sucesos que ocurrieron en ese tiempo.

Escribiré sobre ______________________________.

Propósito y público El **propósito de un autor** es su razón principal para escribir un texto. ¿Cuál es el propósito de tu escrito? ¿Quién será tu público?

Mi propósito al escribir un relato de ficción histórica es ______________________________

____

El público de mi relato será ______________________________

____

Planifica En tu cuaderno de escritura haz una tabla de secuencia de sucesos para planificar tu texto. Completa la primera caja de la tabla.

Acuérdate

Los autores suelen utilizar palabras y frases específicas para ayudar a los lectores a comprender el orden de sucesos en un relato. Utiliza palabras y frases como *al principio, luego, después* y *al final*, para que los lectores sigan la secuencia de sucesos en tu relato.

1. Al principio
2. Luego
3. Tiempo después
4. Por último

Planificar: secuencia

Secuencia de sucesos Al escribir un relato, los autores tienen en cuenta el orden de los sucesos, o secuencia. La secuencia de un relato le permite al lector comprender lo que sucede en un relato y por qué. Las palabras y frases de transición muestran el orden de los sucesos. Vuelve a leer el fragmento de "Embarcados" y encierra en un círculo las palabras y frases de transición.

> Esta mañana, la tía Lucía sabe que estoy triste. Me pide que vaya y la ayude a decorar pastelillos para una colecta de fondos. Al comienzo no me interesaba. Solo esparcí crema y coloqué una baya encima. Luego me di cuenta de que podía hacer rayas rojas de fresas y una mancha azul de arándanos. Al poco tiempo tuve una bandeja de pastelillos decorados como banderas para mostrarle a mi tía.

En las líneas de abajo, haz una lluvia de ideas de otras palabras y frases de transición. Puedes utilizarlas a medida que escribes tu historia para indicar la secuencia de sucesos.

____

____

____

Toma notas Ahora, revisa el organizador gráfico de secuencia de sucesos en tu cuaderno de escritura y completa la segunda, la tercera y la cuarta caja.

Andersen Ross/Blend Images/Image Source

Hacer un borrador

Desarrollar la trama La trama es lo que ocurre en un relato. Normalmente, contiene un conflicto, o problema, que los personajes deben resolver. Los elementos de la trama son conflicto, clímax, desenlace y solución. El ambiente es el lugar y el momento en los que ocurre lo contado en el relato. Mientras lees este ejemplo de "Embarcados", piensa en cómo el ambiente histórico incide en la trama.

> Mi nombre es Libby Kendall y soy prisionera de guerra. No realmente, pero a veces siento como si lo fuera. Al igual que mi padre, empaqué y me embarqué. Pero, a diferencia de él, nada de lo que yo haya hecho ayudará a los aliados a ganar la Segunda Guerra Mundial.

Utiliza el párrafo de arriba como modelo para escribir un párrafo de tu relato. Incluye detalles específicos del ambiente y da pistas sobre la trama.

____

____

Haz un borrador Utiliza el organizador gráfico de secuencia de sucesos para hacer un borrador en tu cuaderno de escritura. Acuérdate de incluir un conflicto, un clímax, un desenlace y una solución.

Recursos digitales

Para obtener más información sobre cómo utilizar tu mapa de la historia, entra en **my.mheducation.com** y mira el tutorial "De mapa a borrador".

Acuérdate

Al presentar el conflicto, se presenta el problema. La acción se desarrolla hasta llegar al punto más importante, o clímax. En este punto, los personajes se enfrentan al problema. Después viene el desenlace. Ahora, los personajes están buscando una manera de resolver el conflicto. Esto lleva a la solución, que marca el fin del relato.

Revisar

Transiciones Los escritores eficaces utilizan palabras de transición para pasar de forma lógica de una idea a otra. Lee el párrafo de abajo. Luego, corrígelo e incluye palabras de transición para mejorarlo.

> Parecía que la guerra nunca iba a finalizar. Andy estaba triste porque no vería a su mamá. Cenó con su abuela. Comió guisantes y se le ocurrió una idea: "¿Qué tal si le envío a mamá dibujos de lo que he estado haciendo con la abuela?".

Enlace gramatical

Con la raya se indica el momento en que habla un personaje. Empieza un nuevo párrafo cada vez que hable un personaje. Por ejemplo:

—¿Tenemos miel? —fue la pregunta de Lisa.

—No tenemos —le contestó su madre.

Revisión Revisa tu borrador y asegúrate de que presentaste los sucesos de la trama en un orden lógico y con palabras de transición. Asegúrate de que la secuencia de sucesos sea lógica y de que no confunda a los lectores.

kali9/E+/Getty Images

Charlas entre compañeros

COLABORA

Revisión del borrador Escucha con atención mientras tu compañero lee su trabajo en voz alta. Comenta lo que te gustó. Haz preguntas que le ayuden a reflexionar sobre lo que escribió. Haz sugerencias para mejorar el texto. Utiliza estas oraciones como guía para la charla:

Me gustaron las transiciones que utilizaste porque...

Tengo una pregunta sobre...

Esta parte del relato es confusa para mí. ¿Podrías explicarme por qué...?

Tu borrador podría ser más claro si...

Sugerencias de compañeros Cuando tu compañero haya comentado tu borrador, escribe una de las sugerencias que aplicarás. Consulta las pautas de evaluación de la página 129.

A partir de las sugerencias de mi compañero, haré... ____________________

____

____

____

Luego de la charla entre compañeros, reflexionen. ¿Resultó útil el intercambio? ¿Qué podrían hacer diferente la próxima vez?

Revisión Al revisar tu borrador, consulta las sugerencias de comprobar la revisión para determinar qué partes del texto debes mejorar. Consulta las pautas de evaluación de la página 129.

Comprobar la revisión

- ☐ ¿Se adecua mi texto a mi propósito y a mi público?
- ☐ ¿Tienen sentido la trama y la secuencia de sucesos?
- ☐ ¿Es fácil identificar el ambiente?
- ☐ ¿Escribí claramente el principio, el desarrollo y el final?
- ☐ ¿Son lógicas mis transiciones?

Corregir

Al **corregir** tu texto, tienes que buscar errores de ortografía, de puntuación, de uso de mayúsculas y de otros aspectos gramaticales. Si lees un borrador varias veces, te asegurarás de no pasar por alto ningún error. Fíjate en las sugerencias de comprobar la corrección.

Enlace gramatical

Al corregir tu relato, asegúrate de que los sucesos históricos, los nombres propios y abreviaturas como Sr., Sra. y Srta. comienzan con mayúscula.

Comprobar la corrección

- ☐ ¿Comienzan todas las oraciones con mayúscula y tienen los signos de puntuación adecuados?
- ☐ ¿Hay oraciones sin predicado, fragmentos de oración u oraciones con errores de concordancia entre el sujeto y el verbo?
- ☐ ¿Comienzan con mayúscula los sustantivos propios?
- ☐ ¿Se utilizan correctamente las rayas en los diálogos?
- ☐ ¿Se utilizan correctamente los adverbios y los adjetivos?
- ☐ ¿Están escritas correctamente todas las palabras?

Escribe dos errores que hayas encontrado al corregir tu relato.

1. ______________________________

____

2. ______________________________

____

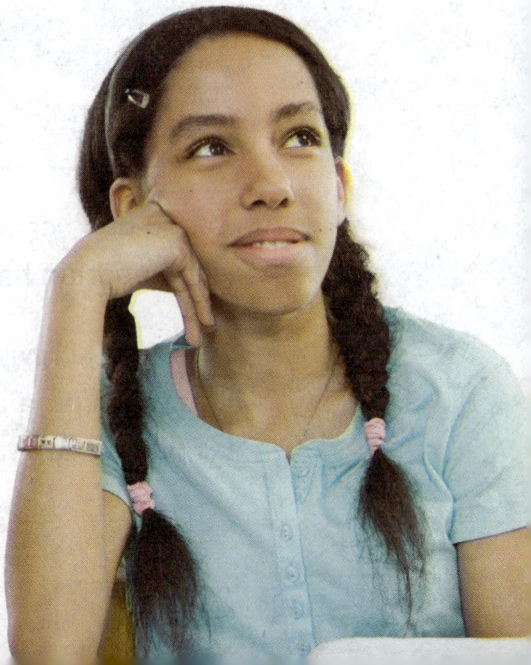

Fstop/ImageSource

Publicar, presentar y evaluar

Publicación Al **publicar** tu texto, muestra una copia limpia, clara y sin errores. Mientras haces tu borrador final, asegúrate de escribirlo en cursiva, de forma legible. Comprueba que agarras el lápiz correctamente entre el dedo índice y el pulgar.

Presentación Cuando estés listo para **presentar** tu trabajo, ensaya tu presentación. Como guía, lee las pautas de comprobar la presentación.

Evaluación Después de publicar tu texto, lee las pautas de evaluación que se muestran abajo para **evaluar** tu texto.

¿Qué aspectos son satisfactorios? ____________________

¿Qué partes requieren más trabajo? ____________________

____

Comprobar la presentación

- ☐ Párate erguido.
- ☐ Mira al público.
- ☐ Habla lentamente y con claridad.
- ☐ Habla a un volumen lo suficientemente alto como para que todos te escuchen.
- ☐ Responde las preguntas a conciencia.

4	3	2	1
• El relato sucede en el pasado y hay detalles claros de la trama y del ambiente histórico. • La secuencia de sucesos es lógica y clara. • En el escrito hay varias palabras y frases de transición.	• El relato sucede en el pasado, pero hay pocos detalles de la trama y del ambiente histórico. • La secuencia de sucesos tiene lógica en su mayoría. • En el escrito hay algunas palabras y frases de transición.	• El relato sucede en el pasado, pero no hay detalles de la trama y del ambiente histórico. • La secuencia de sucesos no es del todo lógica. • En el escrito hay pocas palabras y frases de transición.	• El relato no sucede en el pasado y no tiene una trama. • La secuencia de sucesos no es lógica y es un poco confusa. • En el escrito no hay palabras y frases de transición.

Coméntalo

Pregunta esencial

¿Cómo se adaptan a su medioambiente los seres vivos?

COLABORA

CIENCIAS

Todos los seres vivos han desarrollado maneras de vivir en su medioambiente. En la fotografía se muestra un lagarto australiano llamado demonio espinoso. Ha logrado una adaptación que le permite tomar agua de cualquier cosa que toque su cuerpo. Las ranuras de su cuerpo llevan el agua a su boca.

Habla con un compañero acerca de animales que conozcan y de cómo se han adaptado a su medioambiente. Escribe las ideas en la red.

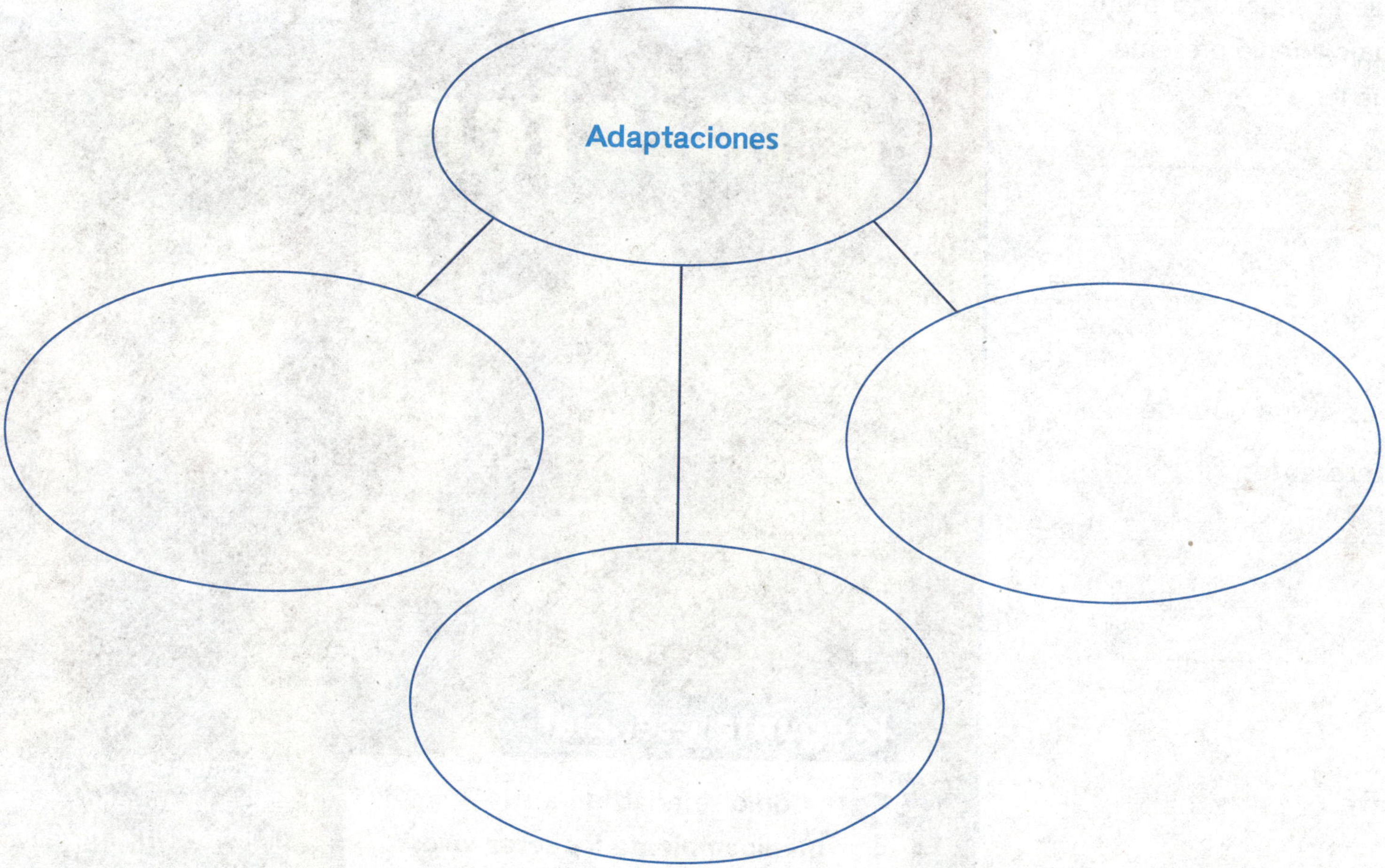

BLAST BACK! studysync

Ve a **my.mheducation.com** y lee el *Blast* "Mezclándose". Piensa en las distintas formas de adaptarse los animales al ecosistema. ¿Cómo les ayudan estas adaptaciones? Luego, comenta tus respuestas al *Blast*.

LECTURA COMPARTIDA

TOMA NOTAS

Mira la fotografía y lee el pie de foto y el título para descubrir el propósito de leer. Luego, piensa en lo que quieres saber. Escribe tu propósito abajo y tenlo presente a medida que lees.

____

____

____

____

Mientras lees, toma nota de:

Palabras interesantes: ______________

____

____

____

____

Detalles clave: ______________

____

____

____

____

Océanos misteriosos

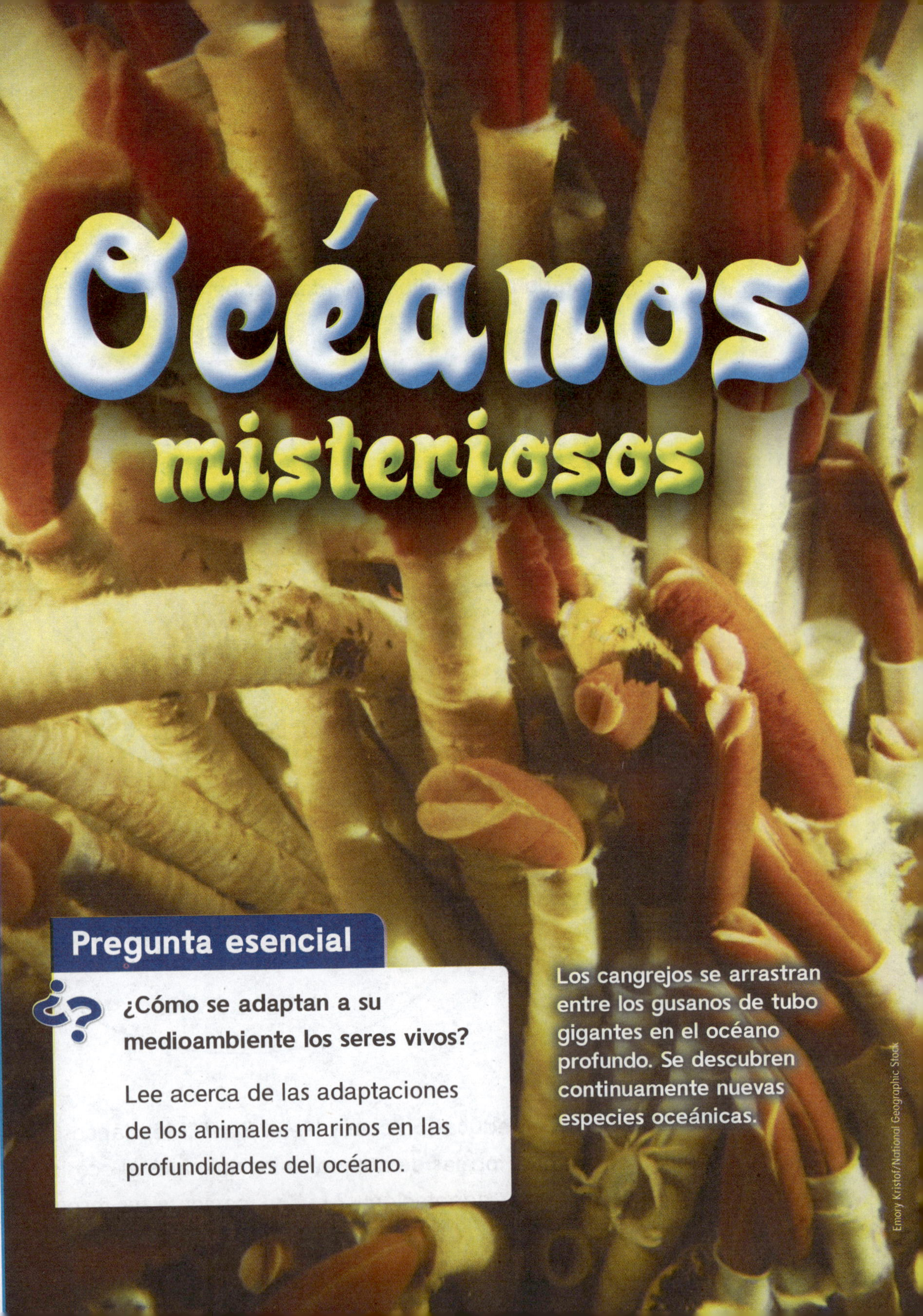

Los cangrejos se arrastran entre los gusanos de tubo gigantes en el océano profundo. Se descubren continuamente nuevas especies oceánicas.

Emory Kristof/National Geographic Stock

Pregunta esencial

¿Cómo se adaptan a su medioambiente los seres vivos?

Lee acerca de las adaptaciones de los animales marinos en las profundidades del océano.

Buceo a gran profundidad

No tiene boca, ojos ni estómago. Su cuerpo blando está recubierto por un cilindro blanco y en su extremo tiene una pluma roja. Crece hasta ocho pies de altura. Es una criatura marina conocida como gusano de tubo gigante y vive sin luz solar en el profundo suelo del océano.

Las profundidades oceánicas, en contraste con las aguas superficiales, cubren casi dos tercios de la superficie de la Tierra. En promedio, los océanos tienen cerca de dos millas de profundidad. Pero el lugar más profundo de la Tierra, el abismo Challenger, desciende casi siete millas.

El abismo Challenger está ubicado debajo de un cañón submarino llamado fosa de las Marianas.

El suelo oceánico es variado, pues tiene vastas planicies, cañones empinados y montañas elevadas. Hay volcanes activos, **inactivos** y extintos. Este mundo submarino es un medioambiente duro debido a sus temperaturas **glaciales** y a la falta de luz solar.

Las profundidades oceánicas son un medioambiente misterioso que sigue inexplorado en su mayoría. Se sabe muy poco acerca de él o de sus criaturas. ¿Son algunas de ellas **precavidas** con los alimentos como lo son los animales terrestres? ¿Las especies del océano **hibernan**? Como ejemplo de los innumerables misterios, no se había visto ni un calamar gigante vivo hasta hace poco. Sabíamos que existían porque se habían encontrado sus restos.

El lugar más profundo conocido en la Tierra

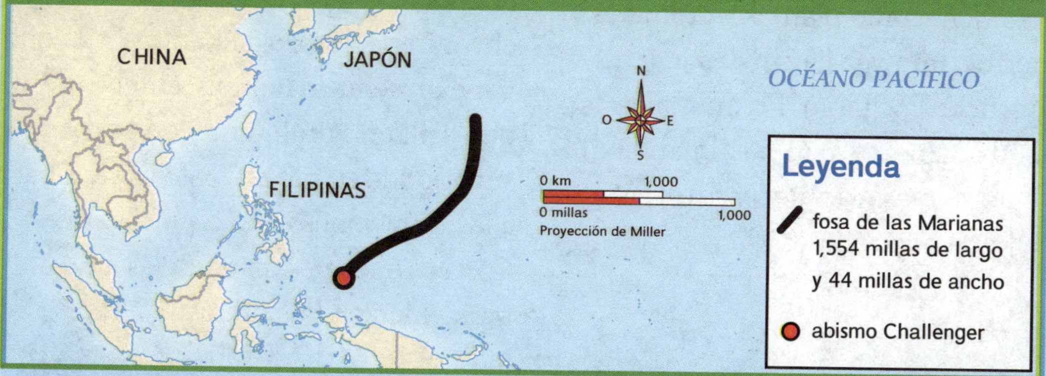

TEXTO EXPOSITIVO

BUSCAR EVIDENCIAS

Leer

Párrafos 1-2

Hacer y responder preguntas

¿Qué pregunta puedes hacer y responder acerca del océano? Escribe la pregunta y **subraya** la respuesta.

Párrafos 3-4

Causa y efecto

Encierra en un círculo la parte del texto que explica por qué el océano profundo es un medioambiente duro.

Mapa

Mira el mapa. ¿En qué océano está ubicada la fosa de las Marianas? ¿Qué país está cerca?

Releer

Técnica del autor

¿Por qué crees que el autor comienza el texto describiendo una criatura marina?

LECTURA COMPARTIDA

BUSCAR EVIDENCIAS

Leer

Párrafos 1-3

Causa y efecto

¿Qué les permitió a los científicos explorar el suelo oceánico?

____

____

____

Encierra en una cuadrado el efecto de esta exploración.

Párrafo 4

Claves de contexto

¿Cómo te ayudan las claves de contexto a descifrar el significado de *luminiscente*?

____

____

Releer

Técnica del autor

¿Cómo complementan las fotografías y las leyendas el texto? ¿Qué pudiste comprender mejor?

Este pez abisal acecha presas. La nariz es producto de una adaptación para vivir en el fondo del océano.

Una estrella canasta en un arrecife coralino.

Adaptaciones asombrosas

Cuando se inventó el sumergible, o submarino, que descendería más que cualquier otra nave, los científicos llegaron hasta el profundo suelo del océano. Pero la exploración aún es difícil y solo han visto un cinco por ciento.

Como ya predijeran los científicos, parece que la vida en el fondo oceánico es escasa. Pocas criaturas pueden sobrevivir allí. Las fuentes de alimento de las que dependen, como plantas y animales muertos, rara vez llegan desde la superficie. Por tanto, los animales deben adaptarse a un medioambiente que no solo es glacial y oscuro, sino que tiene poco alimento.

Un ejemplo de una **adaptación** a este medioambiente es la estrella de mar. Las estrellas de mar de las profundidades crecen más y son más agresivas que sus parientes de aguas más superficiales. No pueden darse el lujo de esperar a que un caracol pase a su lado. Estas estrellas de las profundidades son depredadoras que **buscan** alimento activamente. Levantan sus cinco brazos con tenazas en sus extremos para atrapar a los **ágiles** y veloces camarones.

Los peces linterna también están adaptados a la titánica tarea de encontrar el escaso alimento. Cada uno tiene un señuelo luminiscente, es decir, que brilla naturalmente, en la parte superior de su cabeza. Este es sensible a las vibraciones y atrae a otros peces. Con sus enormes mandíbulas atrapan rápidamente a sus presas.

Hábitats con calefacción

Sin embargo, lo que en realidad ha sorprendido a los científicos es el descubrimiento de un tipo muy diferente de medioambiente en el suelo oceánico. Encontraron que las grietas, o chimeneas, que existen en la superficie terrestre también se encuentran debajo del agua. El agua marina se precipita en estas chimeneas, en donde se mezcla con químicos. Además, el magma, o roca derretida e hirviente, calienta el agua. Cuando el agua de la chimenea entra de golpe al océano, crea géiseres y manantiales de aguas termales.

Para asombro de los científicos, los hábitats que hay junto a estas chimeneas rebosan de vida. Además de los gusanos de tubo hay almejas enormes, camarones sin ojos, cangrejos y mejillones, junto con tipos de bacterias. Una criatura extraña es el gusano de Pompeya. Tiene un vellón de bacterias en su espalda que, hasta donde saben los científicos, lo **aísla** del calor.

¿Cómo puede existir tanta vida donde hay tan poco alimento y luz solar? Los científicos han descubierto que muchas criaturas transforman las sustancias químicas de las chimeneas en alimento. El proceso se llama quimiosíntesis. Debido a él, los animales pueden prosperar en estos hábitats. Las criaturas que no producen alimento mediante quimiosíntesis, como los cangrejos, se comen a los que sí lo hacen.

En el fondo del océano profundo hay misterios aún por encontrar y resolver. ¡Solo en las últimas décadas se han descubierto más de 1,500 especies oceánicas! Si los científicos siguen la exploración marina, seguro que descubrirán muchas más.

Resumir

Consulta tus notas y resume oralmente las ideas más importantes que aprendiste acerca del océano profundo.

TEXTO EXPOSITIVO

BUSCAR EVIDENCIAS

Leer

Párrafos 1-4

Hacer y responder preguntas

¿Qué pregunta puedes hacer y responder para comprobar que comprendes esta sección? **Subraya** la respuesta.

____

____

____

Releer

Técnica del autor

¿Cómo te ayuda el autor a visualizar la vida junto a estas chimeneas en el océano profundo?

Fluidez

Túrnate con un compañero para leer en voz alta el tercer párrafo de la página 135. Comenten sobre cómo leer a un ritmo apropiado los ayuda a concentrarse en los términos científicos.

Releer

LECTURA COMPARTIDA

Vocabulario

A partir de las oraciones que se dan como ejemplo, comenta con un compañero lo que significan las palabras. Luego, responde las preguntas.

adaptación

Cambiar de color es una **adaptación** que han logrado algunas lagartijas.

¿Por qué es el pelaje un ejemplo de adaptación?

____

____

ágil

Carmen era una gimnasta tan **ágil,** que podía doblar su espalda sobre una barra de equilibrio.

¿En qué campo consideras que eres ágil?

____

____

Tu lista de palabras Vuelve a leer primer párrafo de la página 134. Encierra en un círculo la palabra *inventó*. En tu cuaderno de escritura, haz una red de palabras y escribe más formas de esta palabra, por ejemplo *inventor*. Busca más palabras en un diccionario impreso o en línea.

aislar

Mi abrigo me **aísla** y me protege contra el frío.

¿Qué tipo de abrigo aísla a un gato?

____

____

buscar

Cuando llega el invierno, los alces, los ciervos y otros animales **buscan** alimento.

¿Por qué es difícil buscar alimento durante el invierno?

____

____

glacial

Tomamos una bebida caliente para calentarnos en un día **glacial.**

¿Qué prendas o accesorios puedes usar cuando el clima está glacial?

____

____

hibernar

Algunos animales, como el lirón, **hibernan** durante el invierno.

¿Qué hacen algunos animales antes de hibernar durante el invierno?

____

____

inactivo

El guía explicó que el volcán estaba **inactivo**, así que nos sentimos a salvo cerca de él.

¿Por qué es seguro visitar un volcán inactivo?

____

____

precavido

Mi mamá respeta todas las señales de tránsito; es muy **precavida** al conducir.

¿En qué otros momentos es bueno ser precavido?

____

____

Claves de contexto

Si lees una palabra desconocida o de significado múltiple, busca claves para descifrar su significado a medida que lees el párrafo en donde aparece.

BUSCAR EVIDENCIAS

En el primer párrafo de la página 133 de "Océanos misteriosos", veo la palabra cilindro. *No estoy seguro de su significado. Dado que la criatura de la que se habla se llama gusano de tubo, pienso que cilindro se puede referir al tubo que está alrededor del gusano.*

Su cuerpo blando está cubierto por un cilindro blanco y en su extremo tiene una pluma roja. Crece hasta ocho pies de altura. Es una criatura marina conocida como gusano de tubo gigante y vive sin luz solar en el profundo suelo del océano.

Tu turno Utiliza claves de contexto para descifrar el significado de estas palabras de "Océanos misteriosos".

escasa, página 134 ______________________________

agresivas, página 134 ______________________________

____

Hacer y responder preguntas

Hacer y responder preguntas sirve para comprender mejor textos complejos. Puedes pregúntarte cuáles son las ideas principales o los argumentos que sustentan una afirmación. Relee secciones para comprenderlas mejor.

Acuérdate

Comienza las preguntas con alguna de estas palabras:

¿Quién?

¿Qué?

¿Dónde?

¿Cuándo?

¿Por qué?

¿Cómo?

BUSCAR EVIDENCIAS

En el último párrafo de "Buceo a gran profundidad" de la página 133 de "Océanos misteriosos" hay dos preguntas sobre los océanos. Tal vez quieras saber por qué se hacen estas preguntas.

Página 133

Las profundidades oceánicas son un medioambiente misterioso que sigue inexplorado en su mayoría. Se sabe muy poco acerca de él o de sus criaturas. ¿Son algunas de ellas **precavidas** con los alimentos como lo son los animales terrestres? ¿Las especies del océano **hibernan**? Como ejemplo de los innumerables misterios, no se había visto ni un calamar gigante vivo hasta hace poco. Sabíamos que existían porque se habían encontrado sus restos.

Debe haber razones que expliquen por qué sabemos tan poco acerca de la vida en el océano. Voy a preguntarme por qué es tan misterioso el océano profundo. Volveré a leer la sección para intentar responder esta pregunta.

Tu turno Con la información de los dos primeros párrafos de la página 133 responde la pregunta "¿Por qué es tan misterioso el océano profundo?".

Mapas

"Océanos misteriosos" es un texto expositivo. En un texto expositivo se da información de un tema, que suele girar en torno a una idea principal y detalles clave. Se puede estructurar para mostrar relaciones de causa y efecto, y se suele incluir elementos como fotografías, leyendas y mapas.

Acuérdate

El título de un mapa indica el tema. Siempre lee el título primero. Luego, estudia el mapa con el tema en mente.

BUSCAR EVIDENCIAS

Sé que "Océanos misteriosos" es un texto expositivo. El texto proporciona información acerca de los océanos, contiene ideas principales y relaciones de causa y efecto. Además, un mapa proporciona información visual.

Página 133

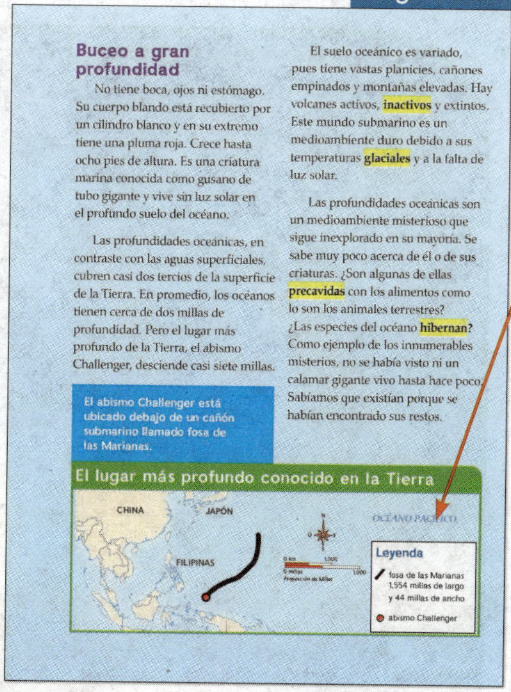

Buceo a gran profundidad

No tiene boca, ojos ni estómago. Su cuerpo blando está recubierto por un cilindro blanco y en su extremo tiene una pluma roja. Crece hasta ocho pies de altura. Es una criatura marina conocida como gusano de tubo gigante y vive sin luz solar en el profundo suelo del océano.

Las profundidades oceánicas, en contraste con las aguas superficiales, cubren casi dos tercios de la superficie de la Tierra. En promedio, los océanos tienen cerca de dos millas de profundidad. Pero el lugar más profundo de la Tierra, el abismo Challenger, desciende casi siete millas.

El suelo oceánico es variado, pues tiene vastas planicies, cañones empinados y montañas elevadas. Hay volcanes activos, **inactivos** y extintos. Este mundo submarino es un medioambiente duro debido a sus temperaturas **glaciales** y a la falta de luz solar.

Las profundidades oceánicas son un medioambiente misterioso que sigue inexplorado en su mayoría. Se sabe muy poco acerca de él o de sus criaturas. ¿Son algunas de ellas **precavidas** con los alimentos como lo son los animales terrestres? ¿Las especies del océano **hibernan**? Como ejemplo de los innumerables misterios, no se había visto ni un calamar gigante vivo hasta hace poco. Sabíamos que existían porque se habían encontrado sus restos.

El abismo Challenger está ubicado debajo de un cañón submarino llamado fosa de las Marianas.

Mapa

Un mapa es el dibujo de un área. Muchos tienen un título, una escala de cuántas millas representa una pulgada, los puntos cardinales y una leyenda con colores o símbolos.

Tu turno Estudia el mapa de la página 133. ¿Cuál es la longitud y el ancho de la fosa de las Marianas? ¿Cómo puedes visualizarlo con el mapa?

____

____

____

____

Causa y efecto

Para encontrar relaciones de causa y efecto en un texto, busca primero un suceso o acción que haga que ocurra algo. Esta es la **causa.** Luego, busca lo que sucede como resultado de esa causa. Este es el **efecto.** Palabras y frases como *porque, como resultado, si, entonces* o *cuando* pueden indicar causa y efecto.

BUSCAR EVIDENCIAS

En el primer párrafo de la sección "Adaptaciones asombrosas" de la página 134 de "Océanos misteriosos", el autor explica que se inventó un tipo nuevo de sumergible. La palabra cuando *indica una relación de causa y efecto. Este invento hizo que ocurriera otra cosa.*

Causa	→	Efecto
Invención del sumergible	→	Exploración del suelo oceánico

Acuérdate

Para identificar relaciones de causa y efecto, pregúntate:

¿Qué pasó?

¿Por qué pasó?

La respuesta a "¿por qué pasó?" es la causa.

La respuesta a "¿qué pasó?" es el efecto.

COLABORA

Tu turno Vuelve a leer el resto de la página 134. Identifica las relaciones de causa y efecto que se explican en estos párrafos y escríbelas en el organizador gráfico de la página 141.

Causa	Efecto

Releer **LECTURA COMPARTIDA**

Responder a la lectura

COLABORA

Responde por escrito la pregunta de abajo. Piensa en cómo el autor presenta la información. Consulta tus notas y el organizador gráfico.

¿Cómo te ayuda a entender el autor que las criaturas marinas se han adaptado a la vida en el océano profundo?

Acuérdate

Completa estas oraciones para comentar el texto y organizar las ideas:

- *El autor utiliza una estructura de causa y efecto para explicar...*
- *El autor describe...*
- *Las fotografías y los pies de foto sirven para...*

Enlace gramatical

Al redactar tu respuesta, escribe palabras y frases de transición para conectar tus ideas. Algunas transiciones son *como, luego, sin embargo, por ejemplo, de hecho, también*.

Integrar **BÚSQUEDA E INVESTIGACIÓN**

CIENCIAS

Investigar fotografías

Investigar fotografías para una presentación es más fácil si lo haces en línea. La fotografías detalladas y coloridas pueden servirte para tu tema e ideas, y pueden hacer tu presentación más interesante. A medida que buscas fotografías apropiadas, piensa en estas preguntas:

- ¿He delimitado mi búsqueda para encontrar buenas fotografías rápidamente?
- ¿Es confiable la página web?
- ¿Se muestra en las fotos exactamente lo que quiero?

¿Qué otra cosa necesitas tener en cuenta cuando desarrolles un plan para investigar fotografías?

El zorro del desierto vive en un medioambiente caliente. Sus largas orejas le ayudan a liberar calor para mantener su cuerpo frío.

La fotografía y el pie de foto presentan un ejemplo de una adaptación animal única.

COLABORA

Haz una presentación de diapositivas Con un compañero o en grupo, investiga fotos de animales con interesantes adaptaciones a su entorno. Luego, haz una presentación multimedia de diapositivas para mostrar lo que encontraste. Por ejemplo, además de las fotos pueden incluir texto, efectos de sonido y música. Lleva un registro de estas fuentes. Piensa en estas preguntas cuando prepares la información que va a acompañar tus fotografías:

- ¿Dónde vive el animal?
- ¿Cómo le ayuda la adaptación a sobrevivir?

Comenten las páginas web que consulten durante la investigación. Cuando termines las diapositivas, presenta el trabajo en clase para demostrar que comprendiste la información que reunieron.

tecnoNOTAS

Si tienes problemas en encontrar una fotografía apropiada, intenta incluir algunas palabras clave.

Releer | TEXTO PRINCIPAL

Antología de literatura, páginas 454-469

Supervivencia a 40 bajo cero

¿Qué piensa la autora de la forma de adaptarse al frío la rana de la madera?

COLABORA

Coméntalo Vuelve a leer la página 457 de la **Antología de literatura.** Comenta con un compañero lo que la autora dice de los cambios que experimentan las ranas para sobrevivir en el Ártico.

Cita evidencias ¿Cómo te muestra la autora su opinión sobre cómo se adapta la rana al Ártico? Completa el organizador gráfico.

Clave	Clave	Clave

↓ ↓ ↓

Punto de vista de la autora

Escribe La autora piensa que ______________________________

____

____

Hacer inferencias

A menudo puedes inferir lo que piensa el autor con respecto a un tema si prestas atención a su elección de palabras. Piensa en las palabras que utiliza la autora para describir la rana de la madera y lo que hace. ¿Son palabras positivas o negativas? Con base en su elección de palabras, ¿qué inferencias puedes hacer sobre lo que siente la autora hacia la rana?

¿Por qué la autora compara al zorro ártico con un acróbata?

COLABORA

Coméntalo Vuelve a leer la página 461 de la **Antología de literatura.** Fíjate en que la autora elige la palabra "como" para comparar al zorro ártico con un acróbata. Comenta con un compañero las cualidades de acróbata que tiene un zorro ártico y las que no tiene.

Cita evidencias ¿En qué se parece y en qué se diferencia un zorro ártico de un acróbata? Escribe las evidencias del texto en el diagrama de Venn.

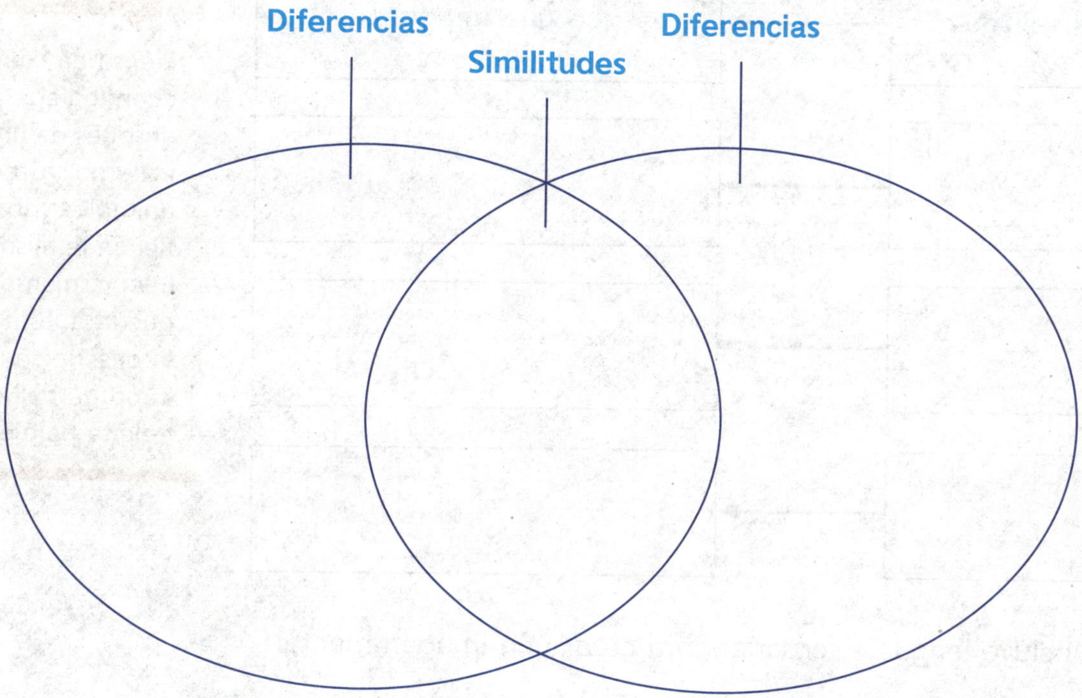

Escribe La autora compara al zorro ártico con un acróbata ______________________

____

____

Acuérdate

Completa estas oraciones para comentar el texto y llenar el diagrama de Venn.

El zorro se asemeja a un acróbata porque...

Un zorro es diferente de un acróbata porque...

Releer

TEXTO PRINCIPAL

¿Cómo emplea la autora el lenguaje sensorial para crear una imagen a partir de palabras en la página 467?

COLABORA

Coméntalo Vuelve a leer la página 467 de la **Antología de literatura.** Comenta con un compañero cómo es el Ártico al inicio de la primavera.

Cita evidencias ¿Qué palabras y oraciones te ayudan a imaginar cómo es la primavera en el Ártico? Escribe tu respuesta en el organizador gráfico.

Evidencia del texto	→	Lo que imagino
	→	
	→	
	→	

Escribe La autora incluye lenguaje sensorial para crear una imagen mental

____

____

____

Acuérdate

Presta atención a la ilustración. Utilízala con el texto escrito para crear imágenes mentales del inicio de la primavera en el Ártico.

Sintetizar información

Piensa en cómo te sientes cuando llega la primavera después de un largo y frío invierno. ¿Crees que los animales y los insectos tienen la misma reacción? Luego, piensa en por qué la autora incluye la descripción de que la oruga peluda "se deleita bajo el sol".

Responder a la lectura

COLABORA

Responde por escrito la pregunta de abajo. Al responder, piensa en lo que conoces acerca de los animales, especialmente de aquellos que viven en un medioambiente frío. Consulta tus notas y el organizador gráfico.

¿Cómo expresa la autora su punto de vista acerca de los animales que viven y se adaptan al medioambiente del Ártico?

USFWS/Donna Dewhurst

Acuérdate

Completa estas oraciones para comentar y citar las evidencias del texto:

La autora utiliza palabras y frases que me ayudan a entender...

Ella emplea lenguaje figurado para comparar...

Sé cuál es su punto de vista sobre los animales porque...

Mis lecturas

Elige un texto y anota en tu cuaderno el título, el autor y el género del libro. Asegúrate de incluir en tu respuesta personal al texto. Por ejemplo, puedes leer para responder una pregunta o para entretenerte.

Releer **LECTURA COMPLEMENTARIA**

¿Por qué los árboles perennes no pierden sus hojas?

Antología de literatura, páginas 472-475

1 —No, ciertamente—respondió el abedul, que con un ademán alejó sus hermosas hojas—. Nosotros los del gran bosque tenemos nuestras propias aves que ayudar. No puedo hacer nada por ti.

2 "El abedul no es muy fuerte", dijo la pequeña ave para sí, "debe ser por eso que no podría sostenerme fácilmente. Le preguntaré al roble". El ave dijo: —Gran roble, tú, que eres tan fuerte, ¿no me dejarías vivir entre tus ramas hasta que mis amigos regresen en la primavera?

3 —¡En la primavera! —gritó el roble—. Es demasiado tiempo. ¿Cómo sé qué harás en todo ese tiempo? Las aves siempre están buscando algo que comer y tú podrías llegar a comerte algunas de mis bellotas.

Illustration: Richard Downs

Vuelve a leer el fragmento. **Encierra en un círculo** las partes del diálogo en las que se dice algo sobre el carácter de cada árbol. Escribe lo que esto revela de los árboles.

COLABORA

Comenta con un compañero lo que puedes inferir de la reacción de la pequeña ave a lo que le dice el abedul. **Subraya** las palabras en el párrafo 2 que te indican su reacción.

1 —Entonces, acércate —dijo el amigable abeto, de quien provenía la voz que la había llamado—. Puedes vivir en mi rama más caliente todo el invierno si así lo decides.

2 —¿De verdad, me dejarías hacerlo? —preguntó.

3 —Claro que sí lo haré —respondió el amable abeto—. Si tus amigos se han ido es el momento de que los árboles te ayuden. Esta es la rama en donde mis hojas son más gruesas y blandas.

4 —Mis ramas no son muy gruesas —dijo el amigable pino—, pero soy grande y fuerte, y puedo mantener al viento del norte alejado de ti y del abeto.

5 —También puedo ayudar —dijo un pequeño enebro—. Puedo darte bayas durante todo el invierno, y toda ave sabe que las bayas de enebro son buenas.

Vuelve a leer el fragmento. **Subraya** la oración del párrafo 1 que indica lo que el abeto le ofrece al ave.

Encierra en un cuadrado la oración del párrafo 5 que indica lo que el enebro le ofrece al ave.

COLABORA

Comenta con un compañero las contestaciones que dan estos árboles al ave. **Encierra en un círculo** las palabras que describen la personalidad de cada uno de los árboles.
¿Qué hacen estos árboles? Fíjate en evidencias del texto para sustentar tu respuesta.

____

____

____

Releer | LECTURA COMPLEMENTARIA

¿Por qué contrasta el autor el comportamiento de los dos grupos de árboles?

COLABORA

Coméntalo Vuelve a leer los fragmentos de las páginas 148 y 149. Comenta con un compañero los diferentes grupos de árboles. ¿En qué se diferencian?

Cita evidencias ¿Qué palabras y frases describen el comportamiento de los dos grupos de árboles? Completa el organizador gráfico con evidencias del texto.

Evidencia	→	Lo que indica
	→	
	→	
	→	
	→	

Escribe El autor muestra los dos grupos de árboles de manera diferente

porque ______________________________

____

____

____

Acuérdate

A medida que lees, piensa en lo que significa el comportamiento de cada árbol. Toma notas en una hoja de papel. Usa tus notas para llenar la tabla.

Punto de vista

El punto de vista hace referencia a la perspectiva desde la que se cuenta el relato. Por ejemplo, bajo el punto de vista de primera persona, el narrador es también un personaje dentro de la historia. En el de la tercera persona, el narrador no está en la historia. Hay varios tipos de tercera persona: en el narrador de tercera persona limitada, el narrador sabe los pensamientos y sentimientos de solo un personaje. En el de tercera persona omnisciente, el narrador sabe los pensamientos y sentimientos de todos los personajes.

De lectores a escritores

Si escribes desde el punto de vista de tercera persona limitada, los lectores sabrán lo que piensa un personaje. Los otros personajes solo se podrán expresar a través del diálogo. En el punto de vista de primera persona, el narrador hace parte de la acción y se refiere a sí mismo como "yo".

BUSCAR EVIDENCIAS

En "¿Por qué los árboles perennes no pierden sus hojas?", el autor cuenta el relato desde la tercera persona limitada y se enfoca en la pequeña ave. En el párrafo 2 de la página 148, la oración "dijo la pequeña ave para sí" indica que el narrador sabe los pensamientos y sentimientos de un personaje.

> "El abedul no es muy fuerte", dijo la pequeña ave para sí, "debe ser por eso que no podría sostenerme fácilmente. Le preguntaré al roble".

COLABORA

Tu turno Vuelve a leer los párrafos 1 y 2 de la página 148.

- ¿Cómo sabes que el punto de vista es de tercera persona limitada?

____

____

- ¿Cómo cambiaría la historia si se contara desde otros puntos de vista?

____

____

Integrar **HACER CONEXIONES**

Conexiones del texto

¿En qué se parecen las adaptaciones mostradas en esta fotografía a las descritas en *Superviviencia a 40 bajo cero* y en "¿Por qué los árboles perennes no pierden sus hojas?"

COLABORA

Coméntalo Observa la fotografía y lee la leyenda. Comenta con un compañero lo que ves y cómo este animal se ha adaptado a su hábitat.

Cita evidencias **Encierra en un cuadrado** los detalles que indican el lugar en el que se tomó la fotografía. **Encierra en un círculo** los rasgos de adaptación de la liebre. **Subraya** la evidencia en la leyenda que te permita entender las adaptaciones de la liebre. Piensa en cómo estas adaptaciones le ayudan a sobrevivir.

Escribe Las adaptaciones en esta fotografía son similares a las adaptaciones mencionadas en las lecturas porque

____

____

____

____

____

____

____

____

Acuérdate

Vuelve a los dos textos de la pregunta y haz una lista de las adaptaciones que se describen en ellos. Luego, compara esas adaptaciones con las de la fotografía.

¿Ves esta liebre americana? En verano, su pelaje es color café, pero se pone blanco en invierno. Se demora 10 semanas en cambiar de color completamente.

CIENCIAS

Presentar el trabajo

COLABORA

Comenta con un compañero el modo en que presentarás tus diapositivas multimedia de animales con adaptaciones interesantes. Aplica las estrategias de la derecha a medida que practicas la presentación. Lee las oraciones que se dan abajo para escribir tu respuesta.

Después de investigar animales con adaptaciones singulares, me di cuenta de que ____

____

____

Quisiera saber más sobre ____

____

____

____

tecnoNOTAS

Escucha el audio de tu presentación para asegurarte de que las personas en distintas partes del salón puedan oírlo claramente. Si lo necesitas, ajusta el volumen antes de la presentación.

Comprobar la presentación

- [ ] Ensaya la presentación y asegúrate de que tengas la información correcta.
- [ ] Fíjate que todos en el grupo tengan un rol en la presentación.
- [ ] Haz contacto visual con tu público.
- [ ] Asegúrate de que todos pueden ver y escuchar adecuadamente.
- [ ] Escucha atentamente las preguntas para dar respuestas completas.

Alex Mares-Manton/Getty Images

Coméntalo

¿? Pregunta esencial

¿Qué nos puede enseñar nuestra conexión con el mundo?

COLABORA

A medida que exploramos el mundo, encontramos maneras de mantener el contacto con nuestros amigos, familias y países. Mantenernos en contacto nos ayuda a sentirnos parte de un mundo más grande.

Observa la foto. ¿Qué está haciendo el niño? ¿Cómo se mantiene en contacto con su familia, amigos y con el mundo mientras está sentado observando el famoso Taj Mahal, en la India? Comenta con un compañero las formas de mantenerse en contacto con otras personas y lugares. Escribe tus ideas en la red de palabras.

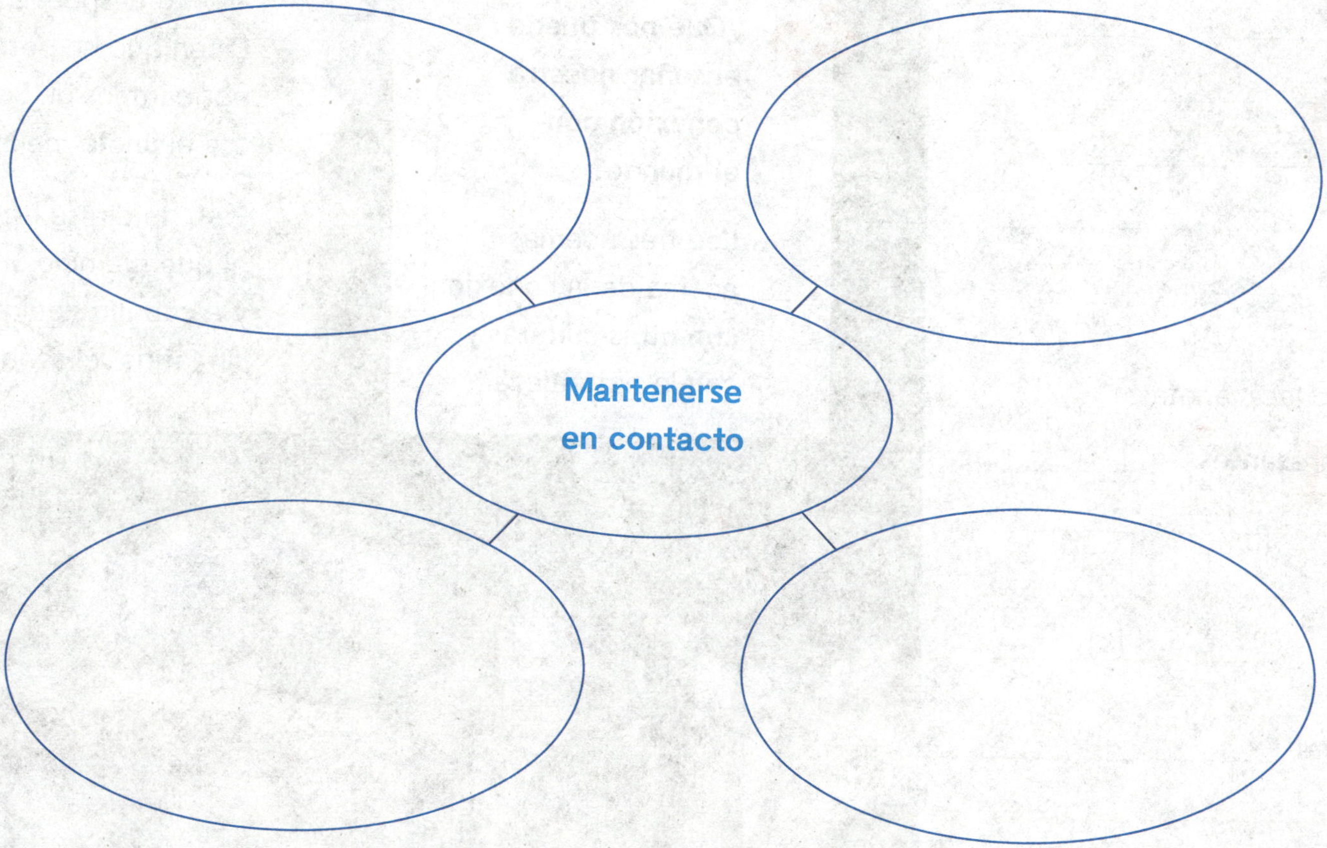

BLAST BACK! studysync

Ve a **my.mheducation.com** y lee el *Blast* "Sé bueno". Piensa en cómo el ser amable ayuda a las personas a llevarse bien. Luego, comenta tus respuestas al *Blast*.

LECTURA COMPARTIDA

TOMA NOTAS

Da un vistazo a los poemas, observa las fotos y lee los títulos.
Haz predicciones sobre cuál es el tema de los poemas. Escribe tu predicción abajo.

A medida que lees, anota:

Palabras interesantes:

Detalles clave:

Pregunta esencial

¿Qué nos puede enseñar nuestra conexión con el mundo?

Lee tres poemas acerca de la conexión con otras culturas y con la naturaleza.

Este niño don Simón

El niño Simón Bolívar
tocaba alegre el tambor
en un patio de granados,
que siempre estaban en flor.

Montó después a caballo.
Dicen que en potro veloz;
por campos de San Mateo,
era el jinete mejor.

Pero un día se hizo grande
el que fue niño Simón
y a caballo siguió andando,
sin fatiga, el soñador.

De Angostura hasta Bolivia
fue, guerrero y vencedor,
por el llano y por la sierra,
con la lluvia y con el sol.

A caballo anda en la historia
este niño don Simón,
como anduvo por América
cuando era El Libertador.

Manuel Felipe Rugeles

Juan Carlos Ricardo

BUSCAR EVIDENCIAS

Leer

Página 157

Asonancia

Encierra en un cuadrado las palabras de la primera estrofa que tienen asonancia. ¿Qué le aporta la asonancia al poema?

____

____

____

Página 157

Poesía narrativa

¿Qué te indica que el poema es narrativo?

____

____

____

Releer

Técnica del autor

¿Cómo las palabras descriptivas que emplea el autor de "Este niño don Simón" ayudan a expresar el mensaje del poema?

LECTURA COMPARTIDA

BUSCAR EVIDENCIAS

Leer

Página 158

Poesía lírica

Encierra en un círculo el sentimiento de la primera estrofa. ¿Este sentimiento se mantiene a lo largo del poema? Escribe tu respuesta.

Página 158

Punto de vista

Subraya un detalle clave que indique el punto de vista de la voz poética. ¿Es la voz poética un personaje?

Releer

Técnica del autor

¿Qué puedes inferir a partir de la selección de palabras del poeta?

PINTAR UN MUNDO

Nicole y Karina ven contentas
el mundo que han pintado:

un mar azul lleno de peces
y tortugas
las verdes montañas, el horizonte,
los árboles, los nidos,
las plumas de los pájaros,
el sol dando vida a las cosas,
el día, las nubes,
las alas de una mariposa,
la noche oscura con estrellas y luna.

Ven los tarritos vacíos de pintura
de donde salió tanta vida.

Rodolfo Dada

¡Sorpresa!

Nicole y Karina ven animales
que nunca pintaron.

Corren por la hoja de papel
y asoman sus pequeñas narices
detrás de las rocas y los ríos:
un monito rojizo,
pájaros multicolores,
la forma de sus picos,
grillos, ranitas doradas.

En el mar, medusas
y extraños caracoles,
calamares gigantes, pulpos,
un erizo negro lleno de púas,
cangrejos ermitaños,
peces fosforescentes.

El mundo cobra vida
y los animales
y las plantas
van cambiando solitos
sus formas y colores.

Rodolfo Dada

Hacer conexiones

¿Cómo se relacionan con tu experiencia las conexiones con el mundo descritas en los poemas?

Comenta si tu predicción de la página 156 era correcta.

POESÍA

BUSCAR EVIDENCIAS

Leer

Página 159

Lenguaje figurado

Encierra en un cuadrado los versos de la segunda estrofa que tienen lenguaje figurado. ¿Qué te indica el uso de lenguaje figurado?

___

___

___

Página 159

Punto de vista

Subraya los verbos conjugados de la última estrofa del poema. ¿Qué te indican del punto de vista?

___

___

___

Releer

Técnica del autor

¿Cómo te ayuda la imaginería a visualizar el poema?

Releer

LECTURA COMPARTIDA

Vocabulario

A partir de las oraciones que se dan como ejemplo, comenta con un compañero lo que significa cada palabra. Luego, responde las preguntas.

conexión

Guillermo siente una fuerte **conexión** con los jugadores de su equipo de fútbol.

¿Cómo establecerías una conexión con un nuevo amigo?

describir

A Luisa le gusta leer libros que **describan** la independencia de su país.

Describe a tu mejor amigo o amiga.

formidable

Todos los niños están de acuerdo con que la fiesta es **formidable**.

¿Qué hace que algo sea formidable?

robusto

Los árboles del bosque se han caracterizado por tener un tronco **robusto**.

¿Cuál es un sinónimo de *robusto*?

Términos de poesía

asonancia

Los poemas tienen **asonancia** cuando en ellos hay palabras con vocales del mismo sonido.

Menciona tres palabras que tengan asonancia con la palabra *luna*.

consonancia

Los poemas tienen **consonancia** cuando en ellos hay palabras con consonantes y vocales del mismo sonido.

Menciona tres palabras que tengan consonancia con la palabra *canción*.

imagen

Los poetas recurren a **imágenes** para crear representaciones vívidas que puedas visualizar.

¿Qué imagen podrías utilizar para describir un día de lluvia?

---

lenguaje figurado

Los poetas emplean el **lenguaje figurado** para enfatizar ciertas imágenes o ideas.

¿Cómo podrías describir una tormenta con lenguaje figurado?

Tu lista de palabras Elige una palabra que te parezca interesante de alguno de los poemas. Busca su definición y origen, o la lengua de la que viene, en un diccionario impreso o en línea. Escribe la palabra y su definición en tu cuaderno de escritura.

Lenguaje figurado

Las palabras o frases que se utilizan para lograr un efecto creativo son **lenguaje figurado**. Los poetas lo emplean para crear imágenes vívidas y ayudar al lector a imaginarse un detalle o comprender una idea.

BUSCAR EVIDENCIAS

En "¡Sorpresa!" se describe cómo una pintura cobra vida y los animales pintados "corren por la hoja de papel". Estas características de los seres vivos en una pintura producen un impacto en el lector.

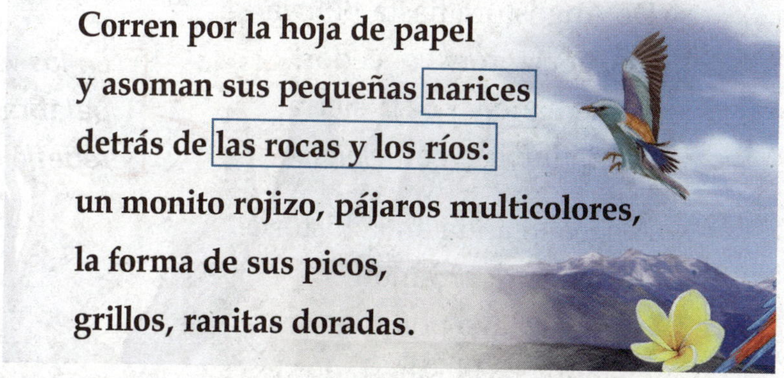

Corren por la hoja de papel
y asoman sus pequeñas narices
detrás de las rocas y los ríos:
un monito rojizo, pájaros multicolores,
la forma de sus picos,
grillos, ranitas doradas.

Tu turno ¿Cómo se utiliza el lenguaje figurado en "Pintar un mundo"? ¿Cuál es el efecto de este lenguaje figurado en el poema?

Rodolfo Dada.

Releer **LECTURA COMPARTIDA**

Asonancia y consonancia

Los poetas pueden repetir los sonidos de las palabras para enfatizar o crear un efecto. La **asonancia** es la repetición de vocales en dos o más palabras. La **consonancia** es la repetición de vocales y consonantes con el mismo sonido. Los sonidos contribuyen a crear un ritmo en el poema.

Acuérdate

Si no estás seguro de si un poema tiene asonancia o consonancia, léelo en voz alta. Esto te ayudará a oír la musicalidad y a identificar las rimas.

BUSCAR EVIDENCIAS

Vuelve a leer "Este niño don Simón" en las páginas 156 y 157. Identifica las asonancias y las consonancias, y piensa en la sensación que causan.

Página 157

De Angostura hasta Bolivia
fue, guerrero y vencedor,
por el llano y por la sierra,
con la lluvia y con el sol.

A caballo anda en la historia
este niño don Simón,
como anduvo por América
cuando era El Libertador.

En los versos pares se repite la vocal "o" en las palabras vencedor, sol, Simón *y* Libertador. *La repetición genera una sensación de ritmo.*

COLABORA

Tu turno Busca ejemplos de asonancia y consonancia en "Pintar un mundo". Lee las palabras de esos versos en voz alta. ¿Cómo contribuyen los sonidos a crear sentimientos en el poema?

____

____

Lírica y narrativa

En la **poesía lírica** se expresan pensamientos y sentimientos personales. Tiene una cualidad musical y puede incluir rima y ritmo. Suele tener imaginería.

En la **poesía narrativa** se cuenta un relato que incluye personajes y diálogo. Puede tener métrica y suele tener imaginería.

De lectores a escritores

Cuando escribas sobre un poema, no olvides distinguir entre el poeta y la voz poética. El poeta es el autor del poema. La voz poética es el narrador del poema.

BUSCAR EVIDENCIAS

Puedo decir que "Este niño don Simón" es un poema narrativo porque en él se narra un relato. "Pintar un mundo" y "¡Sorpresa!" son poemas líricos porque en ellos se expresan sentimientos del autor. Los tres poemas contienen imágenes.

Página 156

"Este niño don Simón" es un poema narrativo. En el primer verso se habla de un personaje: "El niño Simón Bolívar". En el segundo verso se presenta una imagen: "Montó después a caballo". En el tercer verso se habla de cuando era grande.

COLABORA

Tu turno Compara la forma de expresión de estos poetas. ¿En qué se parecen y en qué se diferencian los poemas?

Releer | LECTURA COMPARTIDA

Punto de vista

El **punto de vista** es la idea o sentimiento que expresa la voz poética. Los detalles, como la selección de palabras y los pensamientos expresados, son claves para establecer el punto de vista de la voz poética.

BUSCAR EVIDENCIAS

Los tres poemas están escritos en tercera persona y expresan ideas acerca de otras personas. Voy a volver a leer "Pintar un mundo" y "¡Sorpresa!" en busca de detalles clave que me ayuden a entender el punto de vista de la voz poética.

Detalles	Punto de vista
Nicole y Karina ven contentas el mundo que han pintado.	La voz poética intenta expresar los sentimientos de Nicole y Karina al dibujar.
Ven los paisajes con animales.	
Ven los tarritos vacíos de pintura de donde salió tanta vida.	

Acuérdate

Mientras lees "Pintar un mundo" y "¡Sorpresa!", busca oraciones que estén escritas en tercera persona. Piensa en cómo estas oraciones revelan el punto de vista de la voz poética.

COLABORA

Tu turno Vuelve a leer el poema "Este niño don Simón". Enumera los detalles clave en el organizador gráfico de la página 165. Úsalos para determinar el punto de vista de la voz poética.

Rodolfo Dada.

Detalles	Punto de vista

Releer | LECTURA COMPARTIDA

Responder a la lectura

COLABORA

Responde por escrito la siguiente pregunta. Piensa en cómo los poetas presentan la idea de hacer conexiones con el mundo. Consulta tus notas y el organizador gráfico.

¿Cómo utilizan los poetas las imágenes para mostrar que la voz poética se conecta con el mundo?

____

____

____

____

____

____

____

____

____

____

____

____

____

____

Acuérdate

Completa estas oraciones para parafrasear los poemas y organizar las ideas.

- *En "Este niño don Simón", el poeta muestra imágenes para describir...*
- *En "Pintar un mundo" y "¡Sorpresa!", el poeta emplea imágenes para mostrar...*
- *La voz poética indica...*
- *En los tres poemas, los poetas usan imágenes para...*

Enlace gramatical

A medida que escribes tu respuesta, asegúrate de incluir verbos en presente al referirte al poema. Por ejemplo:

El poeta ***emplea*** *imágenes para...*

Estas imágenes ***sirven****...*

La voz poética ***presenta****...*

ESTUDIOS SOCIALES

Formato de correo electrónico

El **correo electrónico** es una buena manera de contactar negocios, grupos o representantes del Gobierno. Estos correos tienen un formato estándar:

- el destinatario (la dirección de correo electrónico de la persona a quien le escribes);
- el asunto (una palabra o frase que indica el tema del correo);
- el mensaje que quieres escribir.

¿En qué se parecen un correo electrónico y una carta? ¿En qué se diferencian? Escribe tu respuesta.

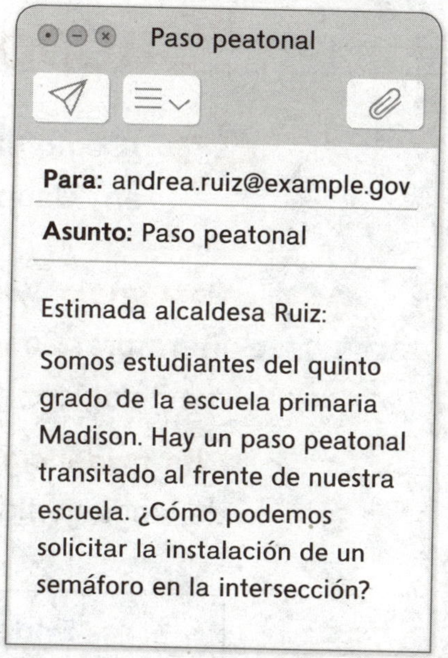

El correo electrónico de arriba es un ejemplo del inicio de un mensaje que describe un problema comunitario.

COLABORA

Escribe un correo electrónico Con un compañero, escribe un correo electrónico a un representante del Gobierno local, estatal o nacional sobre un problema que sea importante para ti. Asegúrate de emplear lenguaje formal. Utiliza las siguientes preguntas como guía para escribir tu correo electrónico.

- ¿Qué problema quieres presentar?
- ¿Tiene que ver el problema con tu comunidad, ciudad o estado?
- ¿Cuál es la persona indicada para resolver este problema? Asegúrate de emplear el saludo adecuado en tu correo electrónico. Por ejemplo: "Estimado senador Smith:".

Comenta cómo vas a investigar el problema para presentar información precisa en tu correo electrónico. Cuando termines, presenta el correo electrónico a la clase.

Releer | TEXTO PRINCIPAL

"Caupolicán"

Antología de literatura, páginas 476-477

¿Cómo emplea el poeta el lenguaje para producir una imagen vívida en "Caupolicán"?

COLABORA

Coméntalo Vuelve a leer el poema en la página 476 de la **Antología de literatura.** Comenta con un compañero las referencias a personajes históricos o mitológicos, y cómo estos se comparan con Caupolicán.

Cita evidencias ¿Cómo expresa el poeta la fuerza de Caupolicán? ¿Qué tipo de lenguaje figurado emplea? Escribe tu respuesta en el organizador gráfico.

Evidencia del texto	Lo que muestra

Escribe Puedo tener una imagen vívida de Caupolicán porque el poeta

____

____

____

Hacer inferencias

Presta atención a cómo el poeta describe a Caupolicán. ¿Emplea palabras positivas o negativas? Piensa en los sentimientos que despiertan en ti las descripciones; esto te ayudará a inferir cómo se siente la voz poética respecto a Caupolicán.

"¿Quién es...?"

¿Cómo logra el poema recrear la imagen de Caupolicán?

COLABORA

Coméntalo Vuelve a leer el poema en la página 478 de la **Antología de literatura.** Comenta con un compañero las imágenes que se describen en el poema.

Cita evidencias ¿Cómo describe el poeta a Caupolicán? Escribe tu respuesta en el organizador gráfico.

Evidencias del texto	Mensaje

Escribe El poeta recrea la imagen de Caupolicán mediante ______________________________

Acuérdate

El lenguaje figurado me permite visualizar las características de un personaje y entender por qué el poeta escribió de él.

Evaluar información

Puedes evaluar los detalles de un poema para determinar su mensaje. ¿Cómo presenta el poeta el mensaje? ¿Es apropiada la descripción de Caupolicán?

Releer | TEXTO PRINCIPAL

Responder a la lectura

COLABORA

Responde por escrito la siguiente pregunta. Al responder, ten en cuenta tus conocimientos del lenguaje figurado, como el uso de metáforas. Consulta tus notas y el organizador gráfico.

Piensa en cómo se crea una imagen del paso de Caupolicán por tierras araucanas en los poemas. ¿Cómo se pueden contrastar los recursos que emplean los poetas para crear estas imágenes?

Acuérdate

Completa estas oraciones para comentar y citar las evidencias del texto.

- *En "Caupolicán", el poeta emplea recursos como...*
- *En "¿Quién es...?" se incluyen recursos como...*
- *Los recursos que emplean los poetas para crear imágenes...*

Mis lecturas

Elige un texto y anota en tu cuaderno de escritura el título, el autor y el género del libro. Anota cuál es tu propósito de leer. Por ejemplo, puedes leer para responder una pregunta o como un pasatiempo.

Releer LECTURA COMPLEMENTARIA

"Barcarola"

Antología de literatura, páginas 480–481

¿Cómo logra la voz poética situarte en su pasado aunque muestre una descripción de un suceso del presente?

COLABORA

Coméntalo Vuelve a leer el poema en la página 481 de la **Antología de literatura.** Comenta con un compañero lo que puedes imaginar de la infancia de la voz poética a partir de la descripción del barco de su hijo.

Cita evidencias ¿Qué similitudes tiene el barco de la voz poética con el de su hijo? Escribe tu respuesta en el organizador gráfico.

Evidencias del texto

↓

↓

↓

Por qué es importante

Escribe La voz poética logra situarme en su pasado porque ______

______

______

______

Acuérdate

Cuando leas un poema, presta atención a las palabras que emplea la voz poética para hablar del presente. Esto te ayuda a comparar sucesos que acontecieron en el pasado.

Releer

LECTURA COMPLEMENTARIA

¿Qué aprendiste de la voz poética en este poema?

COLABORA

Coméntalo Vuelve a leer el poema en la página 481 de la **Antología de literatura.** Comenta con un compañero cómo es la referencia al pasado que hace la voz poética.

Cita evidencias ¿Qué palabras o frases te indican los sentimientos de la voz poética? Escribe tu respuesta en el organizador gráfico.

Acuérdate

Piensa en las descripciones que hace la voz poética. ¿Qué te indican sobre sus sentimientos?

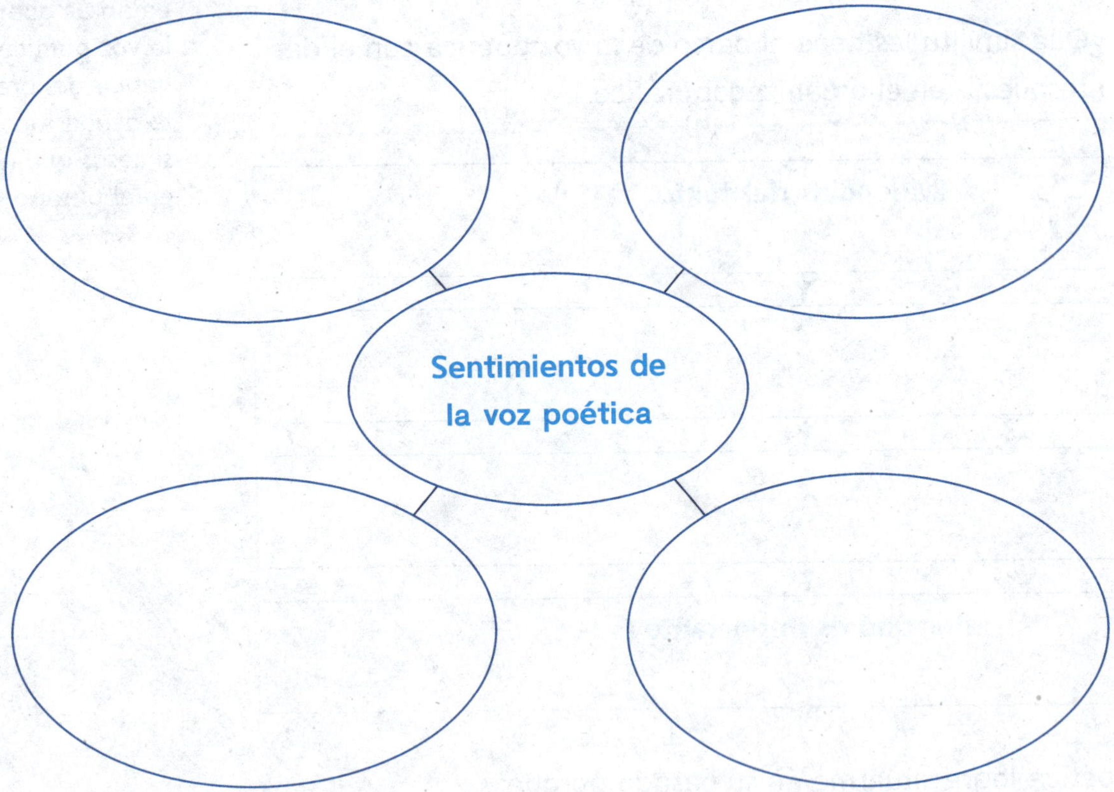

Escribe La voz poética de este poema ______________________________

____

Imaginería

La **imaginería** es un recurso creado a partir de las palabras que el autor emplea para describir ideas, acciones, lugares o cosas. Los poetas emplean la imaginería para crear imagenes en la mente del lector. Con este fin, también se valen del lenguaje sensorial para crear un ambiente, o sentimiento, en un poema o en una narración.

BUSCAR EVIDENCIAS

En "Caupolicán", el poeta utiliza la imaginería para crear una escena en la que Caupolicán carga el tronco de un árbol. El poeta incluye palabras vívidas, como *robusto, salvaje* y *fornida,* para describirla. La palabra *aguerrido* significa "guerrero valiente" y sirve para crear una imagen de Caupolicán.

Es algo formidable que vio la vieja raza;
robusto tronco de árbol al hombro de un campeón
salvaje y aguerrido, cuya fornida maza
blandiera el brazo de Hércules, o el brazo de Sansón.

COLABORA

Tu turno Vuelve a leer el poema de la página 476.

- ¿Cómo emplea el poeta la imaginería para que visualices el paso del tiempo? ____________________

- ¿Qué ambiente crea el poeta en la última estrofa? ____________________

De lectores a escritores

Elige palabras precisas para crear imágenes en tu escrito. Por ejemplo, si quieres incluir una imagen vívida de una tormenta que se acerca, emplea lenguaje sensorial como *helado* y *polar* en lugar de *frío* para describir el viento. Un diccionario de sinónimos será útil para encontrar las palabras adecuadas.

Merce López

Conexiones del texto

¿En qué se parece el lenguaje de Alfred Lord Tennyson al de los poetas en "Caupolicán", "¿Quién es...?" y "Barcarola"?

COLABORA

Coméntalo Lee el poema. Comenta con un compañero lo que simboliza, o representa, el roble en el poema.

Cita evidencias **Encierra en un círculo** las palabras del poema que evidencian la fortaleza del roble. **Subraya** las oraciones que indican el paso del tiempo.

Escribe El uso del lenguaje en los diferentes poemas es similar porque ______________________

____

____

____

____

____

____

____

____

____

____

Acuérdate

Piensa en cómo Tennyson expresa el paso del tiempo y cómo describe el roble. Esto te ayudará a comparar este poema con los otros que leíste.

El roble

Vive tu vida,
joven o viejo,
como un roble
radiante en primavera,
vive en brillo;
verano-abundante
luego; y luego
en otoño cambia
a tonos más sobrios,
oro de nuevo.
Todas sus hojas
caen eventualmente.
Mira, sigue en pie,
tronco y rama,
fuerza desnuda.

— Alfred Lord Tennyson

Kevin Britland/Alamy

Expresión y fraseo

Antes de leer un poema en voz alta, piensa en su significado. Luego, lee con la **expresión** y **fraseo,** o prosodia, adecuados para darle vida al poema. El fraseo, o agrupación de palabras en frases que tengan sentido, hace que el poema sea más claro. Presta atención a la puntuación para mejorar tu fraseo. Por ejemplo, cuando hay una coma se hace una pausa corta.

Acuérdate

Al leer con expresión, ten en cuenta el ritmo y la velocidad de la lectura. Al expresar emoción, muchas personas leen un poco más rápido y a mayor volumen.

Página 156

Montó después a caballo.
Dicen que en potro veloz;
por campos de San Mateo,
era el jinete mejor.

El punto y coma me indica una pausa larga.

La coma me indica una pausa corta.

COLABORA

Tu turno Túrnate con un compañero para leer en voz alta el poema "Este niño don Simón" de las páginas 156-157. Piensa en cómo te sentiste cuando leíste por primera vez el poema. Expresa estos sentimientos cuando leas. Presta atención a la puntuación para mejorar tu fraseo.

Luego, piensa en cómo lo hiciste. Completa estas oraciones.

Recordé ____

____

La próxima vez ____

____

Texto modelo

Antología de literatura, páginas 476–478

Características del poema lírico

En un poema lírico se expresan los sentimientos o pensamientos de la voz poética. Un poema lírico:

- tiene musicalidad y puede incluir un ritmo, o patrón regular de sonidos;
- puede incluir rimas;
- generalmente contiene imaginería y lenguaje sensorial.

Analiza el texto modelo Estudiar otros poemas líricos te servirá para aprender a planificar y escribir un poema lírico de tu autoría. **Vuelve a leer** "Caupolicán" en la página 476 de la **Antología de literatura.** Escribe tus respuestas abajo.

¿Qué sentimiento expresa la voz poética? ¿Qué palabras te permiten saberlo?

¿Cómo crea el poeta una musicalidad o ritmo en el poema?

gramatiNOTAS

Los poetas suelen utilizar lenguaje sensorial en los poemas líricos. El lenguaje sensorial apela a los cinco sentidos del lector. Esto hace que, mientras leen, los lectores visualicen imágenes, sonidos y, a veces, hasta olores y sabores. En "¿Quién es...?", la voz poética apela al sentido de la vista en los primeros cuatro versos. Lee esos versos en voz alta y piensa cómo visualizas al guerrero.

Planificar: elige un tema

Escritura libre Con un compañero, haz una lista de cosas en las que hayas ayudado a tu comunidad. Quizás has sido voluntario para limpiar el salón de clase, o para recolectar dinero o ayudar a los niños más pequeños con su tarea. Escribe tu respuesta en las líneas de abajo.

> **Acuérdate**
>
> Al escribir poesía, puedes emplear un lenguaje informal. Elige palabras y frases que expresen mejor los sentimientos de la voz poética con respecto al tema que elegiste.

Instrucción de escritura Elige una idea de tu lista. Escribe un poema lírico acerca del tema que elegiste. No te olvides de incluir algunos detalles que te sirvan para explicar cómo ayudaste a tu comunidad.

Escribiré mi poema acerca de ____________________

Propósito y público Piensa en quién leerá tu poema. ¿Tu propósito es informar, persuadir o entretener? Luego, piensa qué lenguaje emplearás en tu poema. ¿Cómo ayudarás a los lectores a que entiendan los sentimientos de la voz poética? Escribe tus respuestas en tu cuaderno de escritura.

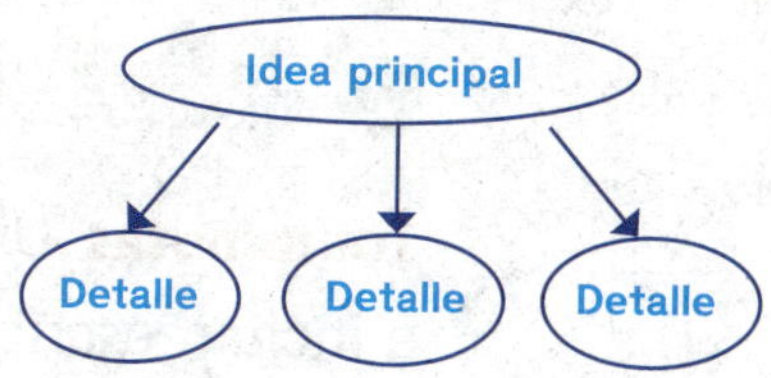

Planifica En tu cuaderno de escritura, haz un organizador gráfico para planificar los detalles que vas a incluir en tu poema. Escribe el tema que elegiste como idea principal.

Planificar: lenguaje sensorial

Lluvia de ideas de detalles descriptivos Cuando hayas elegido tu tema y algunos detalles que quieras incluir, debes pensar en cómo los vas a describir. El lenguaje sensorial hace que los lectores perciban algo con sus cinco sentidos. Sé descriptivo cuando emplees lenguaje sensorial. Al escribir "Mordí una manzana roja crujiente y sentí en mi paladar la delicia de su jugo" visualizamos mejor la experiencia de la voz poética, que si simplemente escribiéramos "Comí una manzana".

A medida que escribes tu primer borrador, responde las siguientes preguntas:

- ¿Les estoy diciendo o mostrando algo a los lectores?
- ¿Están relacionadas las palabras que empleo con alguno de los cinco sentidos?
- ¿Cómo puedo incluir más detalles descriptivos para hacer esta parte más interesante?

Piensa en dos detalles descriptivos que podrías incluir en tu poema lírico.

1 ______________________________

2 ______________________________

Toma notas Una vez que hayas elegido todos los detalles que vas a incluir, escríbelos para completar tu organizador gráfico de idea principal y detalles. Si necesitas más espacio para escribir los detalles, utiliza una hoja de papel de tu cuaderno de escritura.

Hacer un borrador

Rima La poesía lírica no necesariamente tiene que rimar, pero muchos poemas líricos tienen rima. Esta le puede dar musicalidad a tu poema. Si eliges escribir un poema con rima, debes pensar en el patrón de rimas que vas a emplear. En el ejemplo de abajo del poema "Este niño don Simón", el segundo verso rima con el cuarto.

> El niño Simón Bolívar
> tocaba alegre el tambor
> en un patio de granados,
> que siempre estaban en flor.

Ahora es tu turno. Fíjate en la estrofa de arriba como modelo para escribir una rima en tu poema lírico.

____

____

____

____

____

Haz un borrador Usa tu organizador gráfico de idea principal y detalles para escribir un borrador en tu cuaderno de escritura. No olvides incluir lenguaje sensorial y detalles descriptivos.

Acuérdate

Si te resulta difícil encontrar palabras que rimen, puedes consultar un diccionario de rimas. También puedes intentar sustituir las primeras letras de una palabra que quieres que rime. Por ejemplo, cambia la "p" en la palabra *piña* por una "n" y tendrás la palabra *niña*. Para escuchar si tu poema tiene musicalidad, léelo en voz alta y marca el ritmo.

Revisar

Palabras concretas Los poetas líricos crean imágenes en la mente del lector al usar palabras concretas en lugar de, o además de, palabras abstractas. Las palabras concretas denominan cosas que podemos conocer por medio de nuestros sentidos, como *jugosa* y *manzana*. Las palabras abstractas se refieren a ideas y conceptos, como *amor* y *valor*. Lee las líneas de abajo. Luego, revísalas para comprobar que contienen un mayor número de palabras concretas para crear imágenes más intensas.

Tuve mucha alegría por el poder de la amistad.
Vi lo limpia que estaba la playa.
Me alegré de haber ayudado a limpiar la playa.

___

___

___

___

___

Acuérdate

Si te resulta difícil encontrar palabras concretas, cierra tus ojos y piensa en lo que pasa en el poema. Tómate un momento. Luego, escribe lo que viste. Esto te puede servir para añadir detalles concretos. Luego, lee tu poema en voz alta.

Revisión Revisa tu borrador y comprueba que hayas incluido suficiente lenguaje sensorial y palabras concretas.

Charlas entre compañeros

COLABORA

Revisión del borrador Escucha con atención mientras tu compañero lee su trabajo en voz alta. Comenta lo que te gustó. Haz preguntas que ayuden a tu compañero a reflexionar sobre lo que escribió. Haz sugerencias para mejorar el texto. Usa estas oraciones como guía para la charla:

Me gustó esta parte de tu borrador porque...

El uso de más palabras concretas o lenguaje sensorial me ayudaría a visualizar...

Tengo una pregunta sobre...

Esta parte me parece confusa. ¿Puedes explicarme...?

Sugerencias de compañeros Cuando tu compañero haya comentado tu borrador, escribe una de las sugerencias que aplicarás. Consulta la tabla de pautas de evaluación de la página 183.

A partir de las sugerencias de mi compañero, haré ________________________

____

____

____

Luego de la charla entre compañeros, reflexionen. ¿Resultó útil el intercambio? ¿Qué podrían hacer distinto la próxima vez?

Revisión Al revisar tu borrador, consulta las sugerencias de comprobar la revisión para determinar qué partes del texto debes mejorar. Consulta las pautas de evaluación dn la página 183.

Comprobar la revisión

- ☐ ¿Expresa mi poema los sentimientos de la voz poética?
- ☐ ¿Tiene mi poema musicalidad y rima?
- ☐ ¿Incluí suficientes detalles descriptivos y sensoriales?
- ☐ ¿Hay algunas palabras abstractas que se podrían reemplazar por palabras concretas para hacer una mejor descripción?

Corregir

Al **corregir** tu texto, tienes que buscar errores de ortografía, de puntuación, de uso de mayúsculas y de otros aspectos gramaticales. Si lees un borrador varias veces, estarás seguro de no pasar por alto ningún error. Fíjate en las sugerencias de comprobar la corrección.

Enlace gramatical

Al corregir tu poema, asegúrate de que los sustantivos propios, como nombres y lugares específicos, empiecen con mayúscula.

Comprobar la corrección

- [ ] Si dividiste tu poema en estrofas, ¿pusiste un espacio entre ellas?
- [ ] ¿Se usan correctamente todas las frases preposicionales?
- [ ] ¿Comienzan con mayúscula los sustantivos propios?
- [ ] ¿Se usan correctamente los adjetivos descriptivos en sus formas comparativa y superlativa?
- [ ] ¿Están todas las palabras escritas correctamente?

Escribe dos errores que hayas encontrado al corregir tu poema lírico.

1.

2.

Publicar, presentar y evaluar

Publicación Al **publicar** tu texto, muestra una copia limpia, clara y sin errores. Mientras haces tu borrador final, asegúrate de escribirlo en cursiva de forma legible. Comprueba que agarras el lápiz correctamente.

Presentación Cuando estés listo para **presentar** tu trabajo, ensaya tu presentación. Como guía, lee las pautas de comprobar la presentación.

Evaluación Después de publicar tu texto, lee las pautas de evaluación que se muestran abajo para **evaluar** tu texto.

¿Qué aspectos son satisfactorios? ______________________________

¿Qué partes requieren más trabajo? ______________________________

____

Comprobar la presentación

- ☐ Párate erguido.
- ☐ Mira al público.
- ☐ Habla con claridad para reflejar la musicalidad y ritmo de tu poema.
- ☐ Habla a un volumen lo suficientemente alto como para que todos te escuchen.

4	3	2	1
• En el poema se expresan con claridad sentimientos personales e ideas del tema. • El poema tiene palabras concretas y sensoriales que crean una imagen en la mente del lector. • El poema tiene musicalidad y ritmo efectivos.	• En el poema se expresan sentimientos personales e ideas del tema. • El poema tiene palabras concretas y sensoriales que crean una imagen en la mente del lector. • El poema tiene musicalidad y ritmo.	• Los sentimientos e ideas que se expresan en el poema no son claros. • El poema tiene algunas palabras concretas y sensoriales que crean una imagen en la mente del lector. • La musicalidad y ritmo del poema no son claros.	• En el poema no se expresan sentimientos ni ideas del tema. • El poema tiene pocas palabras concretas y sensoriales. • El poema no tiene musicalidad ni ritmo.

Repaso en espiral

En la unidad 6 has estudiado destrezas y estrategias que te permitirán convertirte en un lector más crítico. Ahora es el momento de poner en práctica lo que aprendiste.

- **Causa y efecto**
- **Claves de contexto**
- **Hacer inferencias**
- **Punto de vista**
- **Imaginería**
- **Tema**

Conectar con el contenido

- Buscar y evaluar fuentes
- "La tortuga y la planta solar"

Lee la selección y elige la respuesta correcta a cada pregunta.

ADAPTACIONES únicas de los animales

1 Los biólogos estudian la supervivencia de las criaturas en la naturaleza. Muchos animales, como el insecto palo, el dromedario y el pez globo, se adaptan de forma única para sobrevivir. Algunas adaptaciones son estructurales. Otras son de comportamiento. Ciertas estructuras y comportamientos son necesarios para sobrevivir.

Guenter Fischer/Getty Images

El insecto palo

2 El insecto palo es un insecto selvático. Come principalmente hojas y se parece a una rama. El insecto palo puede medir entre media pulgada y trece pulgadas de largo. Su cuerpo cilíndrico puede estar cubierto por púas y ser de color verde, café o gris. La estructura del insecto palo le sirve como camuflaje, que le ayuda a ocultarse en su entorno.

3 Como el insecto palo es difícil de ver, queda protegido contra sus depredadores. Entre los animales que se alimentan de él hay pájaros, pequeños reptiles y roedores. Si un depredador localiza un insecto palo, este intenta salvar su vida mediante diferentes comportamientos. Puede hacerse el muerto, desprenderse de una pata o clavarle al depredador sus espinosas patas. Cuando se siente amenazado, el insecto palo puede dispararle un líquido de mal olor a su atacante.

El dromedario

4 El dromedario es un animal desértico que come principalmente plantas. Puede crecer más de siete pies y pesar hasta 1,800 libras. Su cuerpo tiene una joroba. Debido a que el dromedario debe sobrevivir a largos viajes en el desierto, donde hay muy poca agua, se ha adaptado para sobrevivir hasta seis meses sin agua.

5 La famosa joroba del dromedario es una estructura que almacena grasa. Esta grasa puede transformarse en agua y energía. Además, el dromedario suda muy poco para retener agua. Las células rojas le ayudan en la circulación sanguínea durante los períodos sin agua. El dromedario puede abrir y cerrar sus fosas nasales para evitar que la arena entre. Las pestañas largas y las cejas peludas le sirven para proteger sus ojos de la arena. El dromedario tiene grandes pies planos para no hundirse en la arena.

El pez globo

6 El pez globo se encuentra en las aguas cálidas oceánicas del Pacífico, del Atlántico y del Índico. Crece hasta tres pies de largo. Este pez se alimenta de algas y mariscos. El pez globo es un mal nadador, lo que le hace una presa fácil para los depredadores, como los tiburones tigres y las serpientes de mar. Para compensar su falta de habilidad atlética, el pez globo ha desarrollado un comportamiento único.

7 Cuando está en peligro, llena su elástico cuerpo con agua o aire, que le permite aumentar el tamaño de su cuerpo para protegerse de los depredadores. Además, la piel de algunos peces globo está cubierta de espinas puntiagudas, y su cuerpo expulsa un veneno mortal de mal sabor. Estas características son clave para su supervivencia.

(t) Mlenny Photography/iStockphoto/Getty Images, (b) LWA/Getty Images

LO QUE APRENDISTE

1. ¿Qué significa la palabra camuflaje en el párrafo 2?

   A función

   B estructura

   C disfraz

   D entorno

2. ¿Qué adaptación se muestra en la fotografía del insecto palo?

   A Camuflarse con su entorno.

   B Hacerse el muerto.

   C Desprenderse de una pata.

   D Soltar un líquido de mal olor.

3. ¿Por qué necesita el dromedario hacer largos recorridos en el desierto?

   A Para escapar de los depredadores.

   B Para buscar agua.

   C Para cazar otros animales.

   D Para deshacerse de la grasa en su joroba.

4. En el párrafo 7 se muestra una estructura de causa y efecto principalmente para

   A describir a los depredadores del pez globo.

   B explicar el aspecto físico del pez globo.

   C enfatizar la razón del comportamiento del pez globo.

   D mostrar la forma de identificar tipos de peces globo.

Acuérdate

Para algunas preguntas de selección múltiple, tal vez tengas que hacer inferencias. Busca en el texto evidencias que sustenten tu inferencia.

Lee la selección y elige la respuesta correcta a cada pregunta.

Similitudes

1 Hay una forma de conocer el espacio
sin abandonar el planeta en una nave espacial.
Basta con ver un arrecife de coral:
¡es igual que el universo!
Allí, en esa intrincada arquitectura de los mares,
viven miles de estrellas que orientan a los viajeros.
Los peces pasan rápido como un cometa,
y las tortugas nadan lentamente,
como un planeta grande y rocoso.
Esponjas, moluscos y langostas
son asteroides, satélites y nebulosas.
Los colores de una noche despejada
son los mismos de un arrecife en la mañana.
Si de pronto hay un eclipse,
fue un enorme pez raya que cubrió el arrecife;
si de repente pasa una estrella fugaz,
es un delfín que cruzó el agua
moviendo su cola centelleante.
La belleza que hay arriba
es la belleza que hay abajo.

LO QUE APRENDISTE

2 También hay una forma de conocer la vida en la Tierra
sin haber pisado nunca nuestro planeta.
Basta con viajar por el universo:
¡es igual que nuestro mundo!
Ver un cúmulo de estrellas con el telescopio
es como ver un enjambre de luciérnagas
en la noche más transparente.
Cuando en el cielo hay una media luna,
parece que es el ala de un ave blanca y taciturna.
Quien ha visto un cinturón de asteroides
dirá que se parece a una gran manada de bisontes.
Un largo anillo protege a Saturno,
como los anillos negros y blancos de las cebras.
¡Incluso un agujero negro
parece la entrada a un profundo hormiguero!
La fuerza de la gravedad mantiene todo unido
como un árbol viejo y frondoso
que sostiene nidos, flores, casas y frutos.
La belleza que hay arriba
es la belleza que hay abajo.

1 ¿Desde qué punto de vista está escrito el poema?

A en primera persona

B desde el punto de vista de un pez

C desde el punto de vista de una estrella

D desde el punto de vista de un observador respetuoso

2 ¿En qué verso de la primera estrofa hay imaginería?

A "Hay una forma de conocer el espacio"

B "Basta con ver un arrecife de coral"

C "Los peces pasan rápido como un cometa"

D "es la belleza que hay abajo"

3 La repetición de la frase "La belleza que hay arriba es la belleza que hay abajo" transmite la idea de que

A la belleza de los pies es la misma que la de la cabeza.

B tanto en la Tierra como en el universo hay objetos maravillosos.

C los animales más asombrosos están en el mar.

D hay vida en el universo.

4 ¿Cuál es el tema del poema?

A Nuestro planeta Tierra se parece al espacio.

B Algunos animales están en peligro de extinción.

C Los animales provienen del espacio.

D Es mejor vivir en un arrecife de coral que en la superficie.

Acuérdate

Para responder las preguntas de selección múltiple, lee cuidadosamente todas las opciones de respuesta. Luego, elige la mejor respuesta.

AMPLÍA LO QUE APRENDISTE

COMPARAR Y CONTRASTAR

- En el texto de ficción histórica *El código indescifrable* de las páginas 434-447 de la **Antología de literatura**, y en el texto expositivo "Aliados en acción", de las páginas 450-453, se muestra cómo los diversos grupos ayudaron durante la Segunda Guerra Mundial.
- Haz una lista de cómo estos grupos ayudaron en la guerra. Luego, compara y contrasta con un compañero sus semejanzas y diferencias.

Navajos: ______________________________

Mujeres: ______________________________

____

____

Trabajadores mexicanos: ______________________________

Afroamericanos: ______________________________

- Escribe una breve composición acerca de las contribuciones de un grupo.

EVALUAR ESTEREOTIPOS

Un estereotipo es una creencia demasiado simplificada sobre una persona, un grupo o un tema. Como un estereotipo no tiene en cuenta las diferencias, es incorrecto. Evalúa cómo en la guerra se probó que este estereotipo es erróneo: *Las mujeres no pueden realizar los trabajos de los hombres.* Utiliza evidencias de la página 451 de "Aliados en acción".

____

____

IDENTIFICAR RECURSOS SONOROS

Los poetas emplean palabras para crear sonidos que complementan el significado del poema. Lee este poema.

La araña hila incesante
su hilo infinito y suave;
muchas horas pasó errante,
muchas horas, tic tic tic.

El poeta emplea varias figuras retóricas.

- Muchas palabras comienzan con el sonido de la vocal "i": *La araña hila incesante su hilo infinito y suave.* Esto se llama **aliteración,** o repetición de sonidos similares. Las palabras hacen eco de la acción.
- La **rima** se da cuando dos o más palabras terminan con el mismo sonido: *incesante* y *errante.* Los **esquemas rítmicos** tienen un patrón rítmico.
- En los dos últimos versos, el poeta recurre a la **repetición** con la frase "muchas horas".
- La **onomatopeya** es el uso de una palabra para copiar un sonido, como *tic, guau* o *ay.*

dmvphotos/Shutterstock.com

Busca otro poema en el que se utilicen estas figuras retóricas. En la tabla de abajo, escribe un ejemplo del poema y qué tipo de recurso sonoro contiene.

Poema	Ejemplo	Figura retórica

AMPLÍA LO QUE APRENDISTE

BUSCAR Y EVALUAR FUENTES

COLABORA

ESTUDIOS SOCIALES

Al investigar sobre un tema histórico, puedes buscar fuentes primarias y secundarias. Una **fuente primaria** es un documento, por ejemplo una carta, hecho en la misma época en la que ocurrió el succeso y por alguien participó en el suceso. Una **fuente secundaria** es un documento hecho después del periodo en que ocurrió el succeso por alguien que no participó en él, por ejemplo un artículo. Al leer estos tipos de fuentes, evalúa su credibilidad.

- Comenta con un compañero sobre uno de los grupos mencionados en "Aliados en acción" en las páginas 450-453 de la **Antología de literatura.**
- Busca una fuente primaria y una secundaria que proporcionen información de cómo este grupo ayudó a Estados Unidos durante la Segunda Guerra Mundial.

Utiliza la siguiente lista para confirmar la credibilidad de cada fuente.

Comprobar la credibilidad

- ☐ ¿Quién publicó la fuente? ¿Es alguien reconocido?
- ☐ ¿Cuándo se publicó la fuente?
- ☐ ¿Quién es el autor? ¿Citó el autor sus fuentes?
- ☐ ¿Contienen las fuentes información real y pertinente?

La fuente primaria (enciérrala en un círculo) es confiable / no es confiable

porque ______________________________

La fuente secundaria (enciérrala en un círculo) es confliable / no es confiable

porque ______________________________

LA TORTUGA Y LA PLANTA SOLAR

CIENCIAS

Entra en **my.mheducation.com** y vuelve a leer el artículo en línea "La tortuga y la planta solar", incluyendo la información de los elementos interactivos. Luego, responde las siguientes preguntas.

- Mira el mapa. ¿En qué estados está el desierto de Mojave?

- El prefijo *trans-* significa "a través de". Con base en esto y en las claves de la selección, ¿qué significa la palabra *transmisión*? ¿Qué relación tiene con el ejemplo de este artículo?

- ¿Por qué se detuvo la construcción de la planta solar después de que el Gobierno la aprobara?

- ¿Qué punto de vista expresa el autor en la conclusión del artículo?

La tortuga y la planta solar

Una compañía de energía quería construir plantas de energía solar en el desierto de Mojave. Pero una tortuga poco común los hizo cambiar de planes.

Time for Kids: La tortuga y la planta solar

Tortuga del desierto

EVALÚA TU PROGRESO

¿QUÉ APRENDÍ?

Lee las pautas de evaluación para que califiques tu dominio de las destrezas de esta unidad. Escribe la puntuación más abajo, en cada destreza.

4	3	2	1
Identifico correctamente todos los ejemplos de esta destreza.	Identifico la mayoría de los ejemplos de esta destreza.	Identifico algunos ejemplos de esta destreza.	Debo trabajar más en esta destreza.

☐ Tema

☐ Homófonos

☐ Causa y efecto

☐ Claves de contexto

☐ Punto de vista

☐ Personificación

Algo en lo que debo trabajar más es en ________________ porque

____

____

____

El texto y tú Piensa en los textos que has leído en esta unidad. Elige uno y escribe un párrafo breve en el que expliques una conexión personal que hayas establecido con el texto.

Hice una conexión personal con ______________ porque __________

____

____

____

ESTUDIOS SOCIALES

Presentar el trabajo

COLABORA

Comenta la forma como presentarás a la clase tu correo electrónico. Cuando practiques la presentación, aplica las estrategias que se dan a la derecha. Los comienzos de oración de abajo te ayudarán a escribir tus respuestas.

Cuando planificaba mi correo electrónico, aprendí que

____

____

____

Me gustaría saber más acerca de ______________________________

____

____

Acuérdate

Cuando empieces tu presentación, ofrece a tu público información del problema que elegiste. Comparte tu experiencia de investigación y los planes que tengas para tu correo electrónico.

Comprobar la presentación

- [ ] Decide cómo vas a dividir la presentación con tu compañero.
- [ ] Ensaya tu presentación. Dale sugerencias a tu compañero.
- [ ] Habla lentamente y con claridad durante la presentación.
- [ ] Haz contacto visual con el público.
- [ ] Reserva tiempo para preguntas. Escucha con atención las preguntas del público.